H Robert

Abnoba

Lieder und Bilder vom Schwarzwald

H Robert

Abnoba
Lieder und Bilder vom Schwarzwald

ISBN/EAN: 9783742893567

Hergestellt in Europa, USA, Kanada, Australien, Japan

Cover: Foto ©Thomas Meinert / pixelio.de

Weitere Bücher finden Sie auf **www.hansebooks.com**

ABNOBA.

Lieder und Bilder

vom

Schwarzwald

von

H. ROBERT.

„Still liegen und einsam sich sonnen
„Ist auch eine tapfere Kunst!"

Scheffel.

Stuttgart.

Verlag von Adolf Bonz & Comp.

1890.

Meiner theuern Mutter

unter den Christbaum

gelegt.

Weihnachten ist's. Und wieder führ'
  Ich Dich in's langverschloss'ne Zimmer.
Es drängt sich fluthend durch die Thür'
  Ein starker Schimmer.

Und Dir entgegen kommt geschwebt
  Harzduft, der wohlbekannte, alte,
Inmitten steht, goldglanzumwebt
  Dein Freund vom Walde.

Zur Decke ragt der Tannenbaum,
  Wir steh'n davor, vereint die Hände,
Es blitzt und strahlt im kleinen Raum,
  — Fort sind die Wände:

Wir schauen in den Lichterschein,
  Als wär's der Himmel mit den Sternen,
Und altes Leid verdämmert klein
    In weiten Fernen.

Wohl stehen And're jetzt gepaart
  Mit jungem Glück im Glanz des Baumes,
Heut jubelt, wem Erfüllung ward
    Des Jugendtraumes.

Ich aber will heut nicht zurück,
  Nicht vorwärts schau'n! Die Weihnachtskerzen
Vergolden mir mein altes Glück,
    Das jung im Herzen. —

Dies kleine Buch empfange Du's
  Als alter Liebe neues Zeichen!
„Grüss Gott!" — Mit diesem Schwarzwaldgruss
    Will ich Dir's reichen.

Ein Stückchen Wald kommt zu Besuch,
  Erinn'rung Dir in's Haus zu bannen:
Nun lass Dir plaudern Baum und Buch
    Vom Land der Tannen!

Inhalt.

I. Drauss.

*

II. Zu Haus.

III. Zum Fenster hinaus.

Druckfehler.

Seite 31, 2. Vers, Zeile 4 soll stehen W a n n statt Wenn.

Seite 78, Ueberschrift soll stehen R e i n m a r statt Reimar.

Seite 85, 1. Vers, Zeile 1 soll stehen W a n n statt Wenn.

Seite 129, 3. Vers, Zeile 1 soll stehen D a n n statt Da.

I.

Drauss.

„Die Leut' meinen alleweil, ma'
müsst recht umanand gehn,
damit ma' recht viel siecht; aber
wann ma' fest auf ein' Platz
bleibt und dort recht aufpasst:
na' siecht ma' noch viel mehr!"

Der alte Bauer in K. Stielers
„Kulturbildern aus Bayern".

An die Schutzpatronin.

Einer, der in stillem Sinnen
  Oft durch deine Wälder zog,
Der auf deinen Bergeszinnen
  Licht und Luft und Leben sog,
Der auf selbstgebahnten Wegen
  Ziellos durch dein Dickicht strich,
Der in deinem Moos gelegen,
  Grüne Gitter über sich,

Den der Menschen Scheingebarung
  Oft verdrossen waldwärts trieb,
Wo die grüne Offenbarung
  Stets sein bester Trost verblieb,
Dem der Belchen und der Blauen
  Beigebracht die stille Kunst:
Frei und einsam um sich schauen,
  Unbeirrt von Lärm und Dunst,

Einer, dem die Tannenzweige
　　Frühthau auf den Hut getropft,
Dem das Herz auf steiler Steige
　　Durch die Stille hat geklopft,
Der an sonnigem Gelände
　　Erdbeersuchend sich geletzt
Und im Waldbach Stirn und Hände
　　Wie im Weihbrunn sich genetzt,

Der in einsam frohem Ziehen
　　Waldesstimmen hat gelauscht,
Dem der Waldwind Symphonien
　　Durch die Seele hat gerauscht,
Dem die Herdenglocken klangen,
　　Der verträumt und andachtsstumm
Deinen Spuren nachgegangen
　　In des Hochwalds Heiligtum,

Einer, dem du hold gewesen,
　　Ihn geleitend unsichtbar:
Was er draussen aufgelesen,
　　Legt er dir auf den Altar;
In den hohen Farnbusch leise
　　Legt er dir's als Weihgeschenk,
Opfernd nach der Alten Weise,
　　Deiner Güte eingedenk.

Lasse dir den Dank gefallen,
    Der dies Liederbündel schuf,
Fernher lass dazu erschallen
    Spechtgeklopf und Kuckucksruf.
Die du einst in keuscher Strenge
    Deinen Bogen hast gespannt:
Schütze, was entfloh'n der Menge,
    Halte drüber deine Hand!

In den tiefen Einsamkeiten
    Lebt dein Reich, das nie versank,
Und mir ist, ich hör' dich schreiten —
    — Waldesgöttin! Habe Dank!
Klingend über Forst und Felder
    Grüsst mein Lied — du warst mir nah —
Königin der schwarzen Wälder,
    Dich, Diana Abnoba!

Freiburg.

O Freiburg, Schwarzwaldedelstein,
  Wie freudig strahlt dein Glanz,
Gefasst in deiner Bergesreih'n
  Tiefgrünen Tannenkranz!
Zu Füssen dir in breiter Pracht
  Des Rheinthals schimmernder Gau
Und drüber hält die hohe Wacht
  Deines Münsters Wunderbau.

Die Berge schau'n so dunkelgross
  Herab, so sehnsuchtsvoll
In den farbenleuchtenden Thalesschooss,
  In der Dreisam Wellengeroll.
Bis an den Waldsaum, schmuck und frei,
  Sonnt sich der Häuser Schaar,
Die Wasser rinnen dran vorbei
  Bergfrisch und silberklar.

Dich aber, weltversteckte Ruh,
   Stilltrautes Günthersthal,
Bergüberblauter Winkel du,
   Dich grüss' ich tausendmal!
Du starke klare Hochlandluft,
   Ihr Höhen frei und weit —
— Mein Herz ist noch voll Tannenduft,
   Wie fern ihr mir auch seid!

O Freiburg, Schwarzwaldedelstein,
   Wess Augen dich ersah'n,
Dem strahlst du tief in's Herz hinein,
   Dem hast du's angethan;
Doch wem ein liebend Herz in dir
   Geneigt in Treuen ist,
Dem bleibt das Heimweh für und für,
Weil du, vielgrünes Bergrevier,
   Sein Heim geworden bist!

Aufbruch.

Auf, Wandergeselle!
Da draussen wird's helle,
  Der Nebel verfliegt,
Vom Frühwind zerblasen,
Es blitzt über'n Rasen:
  Die Sonne siegt!

Sie hebt sich vom Boden,
Es fluthen die rothen
  Schimmer um's Haus,
Sie kommt, die Hohe,
Die Strahlenfrohe — —
  Hinaus, hinaus!

Nun athme und fühle
Die Morgenkühle
  Um Brust und Gesicht!
Die Zweige, sie winken,
Mit ihnen zu trinken
  Das triefende Licht.

Die Wiese leuchtet,
Vom Nachtthau gefeuchtet
  Glänzt Busch und Geheg,
Langarmige Schatten
Auf Triften und Matten
  Und über dem Weg.

Die Felswand droben
Von Duft umwoben,
  Mit Gold gestreift,
Von Nebelfetzen
Und Sonnennetzen
  Im Wechsel umschweift.

Und Friede auf Erden!
Lichtfreudiges Werden
  Still webt es und kreist,
Vom Himmel, vom blauen,
Schwebt über die Auen
  Der „grosse Geist“.

Und horch, aus dem Walde
Der Klang, der alte,
  Der mit uns zieht,
So tagbegrüssend,
So fahrtversüssend:
  Das Vogellied!

Wir aber schwingen
Den Hut und singen
  Durch's weite Revier:
O lichtverklärte
Geliebte Erde,
  Dich grüssen wir!

Sommermonate

in Farbenskizzen.

März

(im Bahnzug).

Draussen jubelt der Frühlingssturm,
  Wipfel zerwühlend und zausend,
Fliegt vom Walde zum Kirchenthurm,
  Pfeifend und orgelbrausend.

Junger Sonnenschein hell und kalt
  Liegt auf Wegen und Feldern,
Leichter, weisslicher Lichtdunst wallt
  Über den fernen Wäldern.

Auf dem Feldweg ein Ochsengespann
  Und der Bauer dahinter,
Windumblasen folgen dem Mann
  Zwei rotbackige Kinder.

Lustig lachend im jungen Licht
   Trippelt das junge Pärchen.
Und dem Mädel um's frische Gesicht
   Flattern die flachsgelben Härchen.

Aber der Bub mit der Schaufel geht
   Schliessend die kleine Kolonne.
Auf seiner Schulter im blanken Geräth
   Trägt er die blendende Sonne.

April.

Du sprossender Waldesboden,
  Triebgrünes zartes Geflecht! —
Das Lebende über dem Toten
  Erhebt sein tröstliches Recht,

Und über den Moderschichten
  Von Wurzeln, Laub und Geäst
Drängt's freudig sich zum lichten
  Waldauferstehungsfest.

Durch feinbelaubte Kronen
  Kommt suchend das Himmelslicht,
Es heben die Anemonen
  Erglühend ihr junges Gesicht,

Primel und Gundelrebe
  Strecken sich blühend im Bund,
Durchsichtiges Laubgewebe
  Schleiert den Waldesgrund.

Es geht ein leises Singen,
  Verhalt'nem Jubeln gleich,
Ein Rieseln, Schwirren und Klingen
  Durchs neuerstand'ne Reich.

Jn thaubesprengter Frühe,
  Als der Nebel stieg und wich,
Bei der Tropfen Funkengesprühe —
  Kam's singend auch über mich!

Mai.

Hinter des Hochwalds Tannendunkel
  Lockt ein leuchtendes Bergwiesengrün —
Auf! zur Höhe ins Sonnengefunkel
  Und in der Bergwelt einsames Blüh'n!

Hoch von der felsigen baumlosen Halde
  Weite Umschau ins lachende Land,
Felder erprangen, und hinter dem Walde
  Glitzert des Rheinstroms silbernes Band.

Senkrecht zu Füssen starren die Gipfel
  Mächtiger Edeltannen empor,
Lichtgrün gerändert sind Zweige und Wipfel,
  Bräunliche Zapfen glänzen hervor.

Aber ostwärts in schwarzgrünen Wogen
  Hebt sich das Bergland, gefleckt noch von Schnee,
Rücken an Rücken kommt es gezogen
  Wie erstarrtes Gewog' der See.

Breite Spalten und waldige Schluchten
  Stauen und trennen der Höhen Lauf,
Schattenblauende, dämm'rige Buchten,
  Freundliche Thäler grüssen herauf,

Braune Dächer in stillen Gründen,
  Weiler und Höfe, in Mulden geschmiegt;
Blühende Bauerngärtlein verkünden,
  Dass da drunten der Lenz schon gesiegt.

Ringsum im Grase und zwischen den Steinen
  Glockenblumen und Mückentanz,
Und von huschenden Flügeln, von kleinen,
  Blitzt durch die Luft ein Goldfädenglanz.

Ausgestreckt im Lichtreich der Sonne
  Lieg' ich und schaue niederwärts —
Bergesstille und Maienwonne
  Ziehet ein in's weitoffene Herz!

Juni.

Moospfad in schweigender Mittagszeit,
Brütende Waldthaleinsamkeit.
Kleiner Waldsee, von Lärchen umsäumt,
Hält sein Mittagsschläfchen und träumt,
Und ein wachend träumender Mann
Schlendert dahin durch den lautlosen Tann.

Weisslich umzogener Himmel droben
Ist von Gittern grün überwoben,
Sonnenflämmchen züngeln und spielen,
Riedgräser nicken auf schlanken Stielen,
Eidechs schlüpft und äugt aus dem Spalt
Und — kein Lüftchen regt sich im Wald.

Das ist die stille, verzauberte Zeit, .
Webender Gottheit von Alters geweiht.
Fern nur ein Kuckuck in Waldestiefen,
Als ob verwunschene Geister riefen
Nach ihrem Meister, dem grossen Pan —
— Märchen aus sonniger Griechenwelt nah'n,

Nymphen, Dryaden und Satyrgesichter,
All das heitere Göttergelichter — —
Und von hellenisch belebter Natur
Träumt es sich gut auf marcianischer Flur. —
Summe, du Mittagsschlummergesang,
Leis wie die Biene den Waldrand entlang!

Juli.

Zum Wasgau senkt sich der Feuerball,
  Roth glühen die Stämme der Föhren
Und einsamstill ist's überall,
  Nur Grillengezirp ist zu hören.

Wie Uhrenticken, ein schwirrender Chor,
  Steigt's aus den erwärmten Wiesen,
Aus hochgeschichteten Bündeln hervor
  Kommt süsser Heuduft zu fliessen.

Und warmgeschmiegt liegt alles Land
  Im Arm der Scheidestunde,
Der Wasgauberge zackiger Rand
  Steht blau auf flammendem Grunde.

Fern liegt die Stadt mit Lärm und Qualm,
  — Es kommen die stillen Gedanken,
Des Federgrases blühender Halm
  Rührt sich mit leisem Schwanken.

In alte Jugendheimath taucht
  Sich träumerisch mein Sinnen:
So lag sie, rosig überhaucht,
  Mit fernen blauen Zinnen.

Aus Grillengezirp und Wiesenduft
  Grüsst mich die Kindheit wieder,
Es sinkt aus goldener Abendluft
  Ihres Glückes Abglanz hernieder.

Wie war ich so reich! Ich wusst' es ja nicht!
  O könnt' ich den Schatz wieder heben
Und die jungen Tage voll Lust und Licht
  Herzfroh noch einmal durchleben! —

Doch die Sonne sinkt. Und der Jugendtraum
  Muss auch in der Seele versinken.
Ein letztes Leuchten am Höhensaum — —
  Es war ein Abschiedswinken.

August.

Nocturno. (Am Schlossberg in Freiburg.)

Neumondnachtdunkel, der Himmel verhängt,
  Die Sterne flimmern matt,
Finsterniss über den Bergwald gesenkt,
  Schweigen über die Stadt.

Nur da und dort noch ein Lichtschein blinkt
  Unter den Dächern hervor,
Vom nebelbrauenden Thalgrund dringt
  Die feuchte Nachtluft empor.

Aus den schlafenden Gassen hebt sich der Dom
  In düstergewaltiger Pracht,
Der Tiefe entstiegen wie ein Phantom,
  Wie ein Gebilde der Nacht.

Sein dunkelzerfliessender Umriss strebt
  Hoch in die graue Luft,
Er wächst und formt sich wie geistbelebt
  Im dämm'rigen Nebelduft:

Eine riesengrosse Mönchsgestalt
  Reckt sich am Nachthimmel auf,
Sie steht, von schwarzer Kutte umwallt,
  Ueber dem Dächerhauf.

Grosseinsam ragt sie durch Raum und Zeit,
  Entrückt dem niedern Schwarm,
Und weist in die Räthsel der Ewigkeit
  Mit hocherhobenem Arm.

Auf dem Holzweg.

(à la Mirza-Schaffy.)

Dass ich nicht gern in Gesellschaft geh:
  Geschieht aus alter Gepflogenheit.
Dass ich Bäume und Berge lieber seh:
  Ist eine Ungezogenheit.
Auf meinem Holzweg lasst mich, fern
  Von eurer eiteln Verlogenheit
Und erhaltet mir, ihr Damen und Herrn,
  Von Weitem eure Gewogenheit.

Falkenstein.

Verzackter Stein, verruf'nes Falkennest,
  Hoch droben eingekrallt. Ist's Fels, ist's Mauer?
Dort hing vor Zeiten, trotzig, frech und fest
  Die Strassenräuberburg auf tück'scher Lauer.

Raubvogelgleich sah sie auf Weg und Thal
  Mit bösen Augen und mit scharfen Fängen,
Und gierig stiess herab mit Einemmal
  Der Falke in den Höllenpass, den engen.

Ob Krämer oder Bauer, einerlei
  War das den Rittern ohne Furcht und Tadel,
Und ihr Geschmack galt jeder Schurkerei,
  Neu aufzuflicken den verschliss'nen Adel.

Zumal Herr Dietrich trieb als Sport mit Glück
  Raubmord und Totschlag ungezählte Male,
Und doch vergriff er sich beim letzten Stück:
  Beim armen Teufel aus dem Höllenthale.

Der Mann vom Thurm geschleudert in die Schlucht,
  Das treue Weib im Kerker und in Wehen,
Und wie es den zerschellten Leichnam sucht —
  Ein düster Bild! Ein grässlich Wiedersehen!

Die Strafe kam. Altfreiburgs Langmuth brach,
  Die Veste fiel, des Landes Schreck und Schade,
Auf offnem Markte tilgte man die Schmach,
  Die Mordgesellen büssten auf dem Rade,

Urfehde schwur der Herr von Falkenstein,
  Der brave Mann, nachdem er's arg getrieben, —
Die Zeit war roh, doch unterschied man fein
  Schon damals zwischen gross- und kleinen Dieben.

Nun klebt's ohnmächtig droben an der Wand,
  Das ausgebrannte Nest der Falkensteiner,
Verwittert auf zernagter Klippen Rand
  Ein öder Trümmerrest. Kaum sieht es einer.

Der Weih nur kennt's, ausruhend dort vom Flug,
  Das „Räuberschloss“, von Schutt bedeckt und
                    Flechten,
Um das schon längst den grauen Schleier schlug
  Vergessenheit, das beste Loos des Schlechten.

Am Titisee.

Die Höhen im Rund
  Kränzt goldgrün der sinkende Sonnenstrahl,
Und im feuchten Grund
  Liegt's wie ein Schild von geschliffenem Stahl.

Mit Rosen durchflicht
  Den schwärzlichen Tannenforst schimmernde
                                    Gluth,
Es scheidet das Licht
  Und der Schatten der Berge schwimmt still auf
                                    der Fluth.

Mein armer See!
  Sie haben tagsüber dich viel geplagt,
Deine Fläche durchpflügt und geschwatzt und ge-
                                    sungen —
  Der Schwarm ist zerstoben, der Lärm ist ver-
                                    klungen:
Zur Ruh nun geh,
  Von den dunkelnden Kuppen ernst überragt.

Die halten dir Wacht!
Von allem, was die Menschen getrieben,
Ist nichts auf deinem Antlitz geblieben.
Nun schlaf' im bergheimlichen Bett dich aus
Und träume die Nacht
Vom Funkeln des kommenden Morgenthau's!

Am Oberrhein.

Es kommt durch die Berge wie Wiederschein
  Der schweigenden Wälder gezogen:
Das ist der junge Schweizerrhein
  Mit den dunkelgrün spiegelnden Wogen.

So still die Fluth, so unentweiht!
  Durch feuchte Uferwiesen,
Durch waldumfang'ne Einsamkeit
  Ein träumerisches Fliessen:

Es träumt der Rhein so sehnsuchtstill
  Von seinen schneeigen Bergen,
Das junge Schweizerheimweh will
  Er scheu im Wald verbergen.

Thauwetter.

Der Winter lag im Holz
  Mit Sonnenschein und Schweigen,
Der Reif der Tannen schmolz
  Und troff von allen Zweigen.

Die dunklen Äste all
  Glänzten in silbernen Flittern,
Bei jedem Tropfenfall
  Ein Flimmern rings und Zittern.

Und wie auf Weg und Ried
  Zu Boden fielen die Tropfen,
Klang wie ein schwebend Lied
  Ihr monotones Klopfen,

Als ob in Busch und Rohr
  Die Waldesgeister klagten,
Mit feinen Stimmen ins Ohr
  Sich bange Kunde sagten.

Mir aber fiel es bei,
  Dass dieses Waldesklingen
Gleich einem Echo sei
  Von fernen Menschendingen:

Wie im verschneiten Wald
  Erstarrt die Äste ragen,
Mag Mancher starr und kalt
  Und stumm sein Leiden tragen,

Aber ein warmes Wort
  Oder ein Hoffnungsblinken — —
Und siehe, der Frost thaut fort
  Und die trotzigen Tropfen sinken

Und Wehmuth bricht herein
  Wie mit befreienden Stössen,
Und — erst im Sonnenschein
  Kann sich die Thräne lösen. —

Der Winter lag im Holz
  Und Dämmerung und Schweigen —
Aus den Gebüschen quoll's
  Und rieselte so eigen,

Als ob mit mir am Rain
  Unsichtbar jemand schreite
Und still in sich hinein
  Weinte an meiner Seite.

Faul-Lenz.

Am Waldrand unter'm Buchenhang
  In Morgeneinsamkeit, —
O wundersüsser Müssiggang,
Hier tagediebend stundenlang
  Verliegen die schnöde Zeit!

Und Allem da drunten den Rücken zu drehn,
  Unter'n Kopf die Arme zu schieben,
Und so recht ins Blaue hinein zu sehn,
Wenn die tanzenden Mücken kommen und gehn
  Und wie Funken der Sonne stieben,

Und tief aus dem Walde der Kuckuck ruft,
  Und das Laub zu Häupten bebt,
Und draussen die Wiese schwimmt in Duft,
Und unsichtbar über der zitternden Luft
  Einer Lerche Lockton schwebt!

Selbzweit.

Heut streift sich's gut zu Zweien
Auf moosigem Waldespfad,
Denn in verstohlenen Treuen
Ist der März der Erde genaht.

Nach Sturm und Regenschauer
Hat er sie überrascht,
Lang lag er auf der Lauer,
Bis er endlich die Braut gehascht.

Nun liegt er unter den Bäumen
Mit triefendem Haar und lacht,
Streifige Lichter durchsäumen
Die keimende Waldespracht.

Hinter den dunkeln Föhren
Ruhen die seligen Zwei,
Du kannst sie athmen hören —
— Leise vorbei, vorbei!

O Frühlingszaubereien,
    Wann euer Reich sich naht,
Da streift sich's gut zu Zweien
    Auf heimlichem Waldespfad!

Robert, H., Abnoba.

Regenmärchen.

(In der Waldhütte.)

Dämmrung auf den Wegen,
  Eichhorn lugt und lauscht —
Hörst du, wie der Regen
  In die Blätter rauscht?

Hörst du, wie sein Klopfen
  Auf dem Dache klingt,
Wie's in schweren Tropfen
  Auf die Gräser sinkt?

Schwebend summt's und leise
  Durch das Schilfbereich,
Zu der Murmelweise
Tanzen tausend Kreise
  Auf dem kleinen Teich.

Und das Eichlaub schauert
  Und wir sind allein —
Waldesmärchen lauert
  Durch's Gebüsch herein.

Dunkelnd liegt's dahinter,
  Webt und braut und wallt —
Und wir sind die Kinder,
  Die verirrt im Wald,

Die von Hause liefen
  Hand in Hand geschwind
Und in Waldestiefen
  Dann verwunschen sind. —

Aus dem Regenschleier
  Winkt's hervor und wächst,
Wiese, Wald und Weiher
  Sind schon rings verhext.

Und ich muss erliegen
  Gleich dem Zauberloos:
Muss als Reh mich schmiegen
  Dir an deinen Schooss.

Mit den klugen Blicken
  Hältst du mich gebannt,
Legst mir auf den Rücken
  Deine weiche Hand — —

Schäume, Regen, schäume!
Aus der Kinderzeit
Flüstert's durch die Bäume,
Kommt der Märchenträume
Süsse Bangigkeit!

„Morgenstund hat Gold im Mund."

Stolze Rotunde hochstämmiger Eichen,
Maimorgenstunde, Glanz ohne Gleichen!
Eckige Äste, zart erst belaubt,
Frühthaugenässte, über dem Haupt.
Wölklein, schneeweisse, dahinter schwimmen,
Amsel und Meise probieren die Stimmen,
Blättergezitter ist ringsum rege,
Sonnengitter huschen im Wege,
Säulenschäfte, feinkanneliert,
Sind mit goldenen Bändern geziert,
Und in der Richtung hinter dem Weiher
Schimmern der Lichtung durchsichtige Schleier.

Ich aber lehne am knorrigen Stamm,
Sinne und sehne mir was zusamm',
Denke zurück und wie's könnte noch werden,
Wenn ich zum Glück noch fände die Fährten
Gleich diesem Morgen, lichtglanzbeschienen,
— Wollte schon sorgen, es auch zu verdienen! —

Auf und nieder   schwebt es und wallt:
Bilder und Lieder   suchen Gestalt.

Luftige Träume,   vom Frühwind gewiegt,
Die ihr die Räume   des Herzens durchfliegt,
Lasst eure Schwingen,   der Mailuft gesellt,
Anhauch mir bringen   aus schönerer Welt!
Bringt ihr auch nimmer   mir Wirklichkeiten:
Ist's doch ein Schimmer   aus sonnigen Weiten,
Seid ihr im Grunde   auch Trug nur und Schein:
Ist doch die Stunde, die goldene, mein!

Federzeichnungen.

Staffage anno 1676.

Die Hornisgrinden steigen grau
  Aus des Reinthals Nebelmassen,
Ein Reitertrupp sprengt durch die Ortenau
  In dunkeln Stahlkürassen.

's ist Morgenzwielicht, es zittern im Wind
  Erle und Silberpappel,
Und näher kommt es heran geschwind —
  — Wiehern und Pferdegetrappel:

Zwei sind voraus. Der Jüngere schweigt,
  Blickt sinnend nach den Hügeln,
Der Ältere mit dem Degen zeigt
  Und hebt sich in den Bügeln:

„Dort hinten, wo Ihr die Dächer seht,
  „Liegt Sasbach, lasset Euch sagen,
„Wo der kriegsverständige Nussbaum steht,
  „Der den Türenne erschlagen.

„Bei Gott, mein Prinz, ich wünschte mir fast
„Die Franzosen wieder zur Stelle,
„Ich wüsste noch manch einen starken Ast
„Für König Ludwigs Marschälle!

„Gestohlen hat er mein schönes Land,
„Stets frecher treibt er's und bunter
„Und er streckt auch nach Euch schon die gierige
Hand —
„Herunter muss er, herunter!"

Der Herzog Karl von Lothringen ist's,
Der grimmig so gesprochen.
An seiner Soldatenseele frisst's,
Dass der Schimpf noch ungerochen. —

Der andere hat nur stumm genickt
Beim Ritt durch die dämmernden Auen,
Doch wie ein Adler hat er geblickt,
Der in die Ferne thät schauen,

Und in der Ferne sieht er ein Heer
Und er kennt den Feldherrn, den grossen,
Der treibt gewaltig vor sich her
Die Türken und die Franzosen —

Und lächelnd reicht vom Gaule die Hand
  Herüber dem scheltenden Krieger:
Der junge Markgraf, später genannt
  Ludwig, der Türkensieger.

Und weiter reiten sie nach dem Rhein
  Und mustern Schanzen und Posten,
Und über den Schwarzwaldkamm fliesst herein
  Blutrother Schein aus dem Osten.

„Rauhfrost"

I.

Es war am heil'gen Weihnachtstag,
  Frost hatte die Welt umfangen,
Auf Baum und Feld, auf Dach und Hag
    Und Wegen lag
  Der Schnee mit hellem Prangen.

Das war am Weihnachtstag selbzweit
  Dass ich zu Wald gestiegen —
Da lag er schlafend und tief verschneit
    In der Einsamkeit,
  Die schimmernden Wipfel schwiegen.

„Wo führst du mich hin auf dem knirschenden Pfad,
  „Dem schmalen, tannenumstarrten?"
Schneekönigs Gebiet sind wir genaht,
    Mein Kamerad,
  Hier ist sein blühender Garten!

Da lag's wie eine verzauberte Welt
　　Voll flimmernder Weihnachtsbäume,
Von Elfen geschmückt und im Kreise gestellt
　　　In das Waldgezelt —
　　— Im Nachtreif erstarrte Träume.

Da standen die jungen Tannen, behängt
　　Mit glitzernden Netzen und Gittern,
Mit weissen Nadeln die grünen vermengt,
　　　Verhüllt und verdrängt
　　Von krystallenen Blättern und Flittern.

Und zwischen den Ästen — siehst du ihn nicht? —
　　Lugt schon der Mond herunter
Mit dem bleichen ruhigen Geistergesicht
　　　Und giesst sein Licht
　　Über die weissen Wunder.

Schneekönig wiegt sich im Tannenbaum,
　　Leis schauern die Äste und schwanken —
— O du Mondesdämmer, du schweigender Raum,
　　　Du Wintertraum
　　Mit deinen Märchengedanken!

II.

Aneinandergeschmiegt,
  In Sinnen gewiegt
Standen wir still da droben.
  In scheuer Hast
  Flog die Amsel vom Ast,
Der Schnee kam heruntergestoben.

So ruhig die Luft!
  Mattschimmernder Duft
Über der Lichtung, der schmalen,
  An den Stämmen herab,
  Die schon Dunkel umgab,
Glitten die Mondesstrahlen.

Rings weissverhüllt,
  Wie Geistergebild,
Die Tannen gen Himmel starrend,
  Verhext und verschneit,
  Mondzaubergefeit,
Wie auf Erlösung harrend.

Und der Rauhfrost spinnt
Und das Mondlicht rinnt
Über das Schneegehege,
   Der Baumstrunk hockt
   Vermummt und beflockt
Wie ein nickender Schneemann am Wege.

Wie Schleier webt's,
   Aus dem Waldgrund schwebt's,
Ein eigen Dämmern und Brauen —
   — Nur ich und du
   Und die weisse Ruh'
Und heimliches Märchengrauen. —

Gefrorener Hauch
   Auf Gestrüpp und Strauch
Und tausend eisblinkende Tropfen,
   Doch — alles stumm,
   Kein Laut allum,
Als unsrer Herzen Klopfen.

Hocheinsame Wacht,
   Von der Todespracht
Der erstarrten Wildniss umgeben, —
   — Doch weich und warm
   Ruht mir im Arm
Dein liebes athmendes Leben!

Aus der Fremde.

Schwarzwaldreflexe aus dem spanischen Baskenland.

(1873.)

1. Morgens auf der Bidasoa.

Morgengrauen, Dämmerlicht
Auf den Hügeln ausgegossen,
Überm Flusse Nebelschicht,
Wogend auf und ab geflossen.

Morgenröthe, Sonnennah'n,
Goldglanz auf den Bergeszinnen,
Hinter'm Wald kommt sie heran,
Strahlendste der Königinnen.

Morgenlichter, — in das Thal
Lange Schattenhände greifen,
Nebel reisst: im Sonnenstrahl
Liegt des Stromes blanker Streifen.

Morgenfrische, Morgenthau
  An des Ufers Halmen blinkend,
Braunes Dach aus grüner Au
  Kühlversteckt herüberwinkend.

Morgenwinde bergeskalt
  Rascheln in den Uferzweigen,
Durch den aufgewachten Wald
  Geht ein grüssend Wipfelneigen.

Streifig auf der Wasserbahn
  Goldner Schimmer angeflogen,
Silberschweifig kommt mein Kahn
  Auf dem Fluss herabgezogen. —

Morgenstille, Nachenfahrt,
  Rudertakt und leise Lieder —
— Tief ins Herz und treu bewahrt
  Senkt sich dieser Zauber nieder.

2. Ausflug zum Wasserfall.

Es braust der Pyrenäenbach
  Und stäubt wie Schnee vom Steine wieder,
Und Felsenwände senken jach
  Rings wildgestaltig sich hernieder.

Tief schon auf Wald und Felsgestein
  Warmfarb'ge Schatten ausgebreitet,
Nur oben noch im Sonnenschein
  Ein Habicht, flügelausgespreitet.

Wie packt mich Ort und Tageszeit!
  Herzklopfend will es mich gemahnen
An meine Schwarzwaldeinsamkeit —
  O alte Heimath, traute Bahnen,
Wie liegt ihr nun so weit, so weit!

Aufrauschend schäumt der Katarakt
  Und traumverloren blick' ich nieder
Und sing', von seiner Strudel Takt
  Begleitet, meine Heimathlieder.

Ihr Felsen, wohl zum ersten Mal
  Mögt ihr den fremden Laut vernehmen!
Hinruf' ich lieber Namen Zahl
Und huld'gend muss das w e l s c h e Thal
  Zu d e u t s c h e m Echo sich bequemen.

Nun ist's verhallt. Dunstnebelschicht
  Umzieht den Berg. Die Nacht will dämmern.
Fernab im Grund ein glimmend Licht
  Und einer Eisenpoche Hämmern.

Und aus der Schlucht hebt sich im Sprung
  Der Nachtwind schon mit rauhem Wehen,
— O Einsamkeit, o Dämmerung,
  O Heimweh in den Pyrenäen!

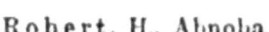

3. Bei Fuenterrabia.

Sturmwind vom Meer,
  Schnaubend vom Wogenkampf,
  Sprühend vom Wasserdampf
Fährt er daher.

Hinter den Dünen
  Tobte die Schlacht,
  Rangen mit Macht
Die Meereshünen

Mit dem Gesellen,
  Die schäumenden, bäumenden,
  Klippenumsäumenden,
Stürzenden Wellen.

Sie wehrten sich gut,
  Sie rasten und sprangen
  Wie Wasserschlangen
In wilder Wuth,

Die Häupter drohten
Über die Dämme,
Im Winde lohten
Die milchweissen Kämme,

Als brenne das Meer,
Als schlügen zusammen
Die weissen Flammen
Darüber her. —

Aber gelassen
· Der Sturmwind fuhr
Auf den tobenden Massen
Und lachte nur

Und wiegte sich hoch
Und blies in die Rachen
Den dräuenden Drachen
Und zwang sie doch. —

Über die Hügel
Kommt er gesaust,
Dröhnend erbraust
Sein nahender Flügel.

Jetzt ist er da!
Splitternde Zweige,
Zitternd Geneige
Ferne und nah!

Aufruhr allum!
Schwirrende Blätter,
Irrend im Wetter
Tanzen herum

Flatternd und schweifend
Mir vor dem Blick,
Knatternd und pfeifend
Die Tanzmusik! —

Droben am Himmel
Jagen und folgen
Fahlgraue Wolken
Sich im Getümmel.

Aus der geballten
Massen Konturen
Wachsen Gestalten,
Gespensterfiguren:

Wölfe in Schaaren
Und Hunde und Treiber
Und fliehende Weiber,
Zerfliessende Leiber
Mit fliegenden Haaren. —

Hoch in den Lüften
Zieht ein Gestöhne,
Hohl wie aus Grüften
Kommen die Töne,

Dann wieder schallt's
Wie Jubel und lacht,
Und wie Klage hallt's
Aus der Stimmenschlacht,

Als ob eines Kindes
Wimmernde Stimme
Wieder verschwimme
Im Rauschen des Windes. —

Blaset mich an,
Ihr Windesgewalten,
Lasst euern kalten
Hauch mich umfah'n,

Zaust mir die Haare,
  Dass eurer Werke
Sinn ich gewahre,
  Mir sich der Stärke
Geist offenbare,

Dass er, der Rauhe,
  In mir das Schwache,
Das Halbe und Laue
  Zu Nichte mache,

Dass er mich feit,
  Dass er mir stähle
  Die weiche Seele
Zum Lebensstreit!

Wehet mir Kraft,
  Rechte ringende,
  Ächte zwingende
Leidenschaft,

Trotz mir im Leid,
  Schmerzverwindende
  Herzentzündende
Freudigkeit! —

Sturmwind vom Meer —
　　Schnaubend vom Wogenkampf,
　　Sprühend vom Wasserdampf
Fährt er daher.

Sei mir gegrüsst
　　Rastloser Ringer,
Der mich umfliesst,
　　Meeresbezwinger,
　　Erdeverjünger,
Sei mir gegrüsst!

4. „En passant."

Du Baskenmädel, schlank und licht,
  Mit deinen nackten Füssen —
— Vorübergehen kann ich nicht,
  Erst muss ich dich begrüssen.
    Die Biene summt, die Quelle rinnt,
    Thautropfen blitzt am Rain,
    Durchs Maisfeld fährt der Morgenwind
    Und — wir sind ganz allein, mein Kind,
    Und wir sind ganz allein!

Wie bist du schön mit dem hellen Haar,
  Um die Stirne zausen's die Lüfte,
Mit dem hellgerötheten Schläfenpaar,
  Mit der Sichel an deiner Hüfte!
    O senke seitwärts nicht den Blick
    Hinab zum bunten Klee
    Und — gieb mir meinen Gruss zurück,
    Bevor ich weitergeh', mein Kind,
    Bevor ich weitergeh'!

Hinweg das Tuch! Lass flattern frei
　Im Wind die gelösten Strähnen! —
— Du schüttelst den Kopf und lachst dabei
　Auf deinen schneeblanken Zähnen?
　　Ach so! du kannst nicht Deutsch versteh'n,
　　Ich Baskisch minder noch —
　　Was thut's! Ins Auge lass dir seh'n
　　Und — wir versteh'n uns doch, mein Kind,
　　Und wir versteh'n uns doch!

Und zieh' ich fort am Waldesrand,
　Der deine Felder säumt,
Nachblickst du, über'm Aug' die Hand,
　Verwundert und verträumt:
　　Eine Schleedornblüth ins Haar gesteckt
　　Von meinem Hute dir
　　Und — einen Kuss, der dich erschreckt:
　　Mehr kennst du nicht von mir, mein Kind,
　　Mehr kennst du nicht von mir!

Lebwohl! Fortwandern muss ich weit
　Aus deinem trauten Thal,
Zum ersten Mal sah'n wir uns heut
　Und — auch zum letzten Mal!

Siehst du am schnellen Bache dort
  Die wilde Rose steh'n? —
Doch weiter eilt die Welle fort
Auf Nimmerwiederseh'n, mein Kind,
  Auf Nimmerwiederseh'n!

II.

Zu Haus.

Meiner Mutter.

I. Mit einer Sammlung geschriebener Gedichte.

Dir, die mit sanftem Leiten
  Die Kindheit mir verklärt
Und dann zu allen Zeiten
  Mir Halt und Trost gewährt,

Von der ich alles habe,
  Was Gutes ist in mir:
Dir schuld' ich jede Gabe,
  Auch diese kleine hier.

Was einst das Kind gestammelt,
  Dir klang's vertraut und gut:
Nimm auch, was hier gesammelt,
  In mütterliche Hut!

Ein Stückchen inn'res Leben
  Ist's deines alten Kind's, —
Für das, was du gegeben,
  Nur ein geringer Zins.

Nun leg' ich meine Waare
  Vom ersten grünen Schlag
Bis zu der spätern Jahre
  Gereifterem Ertrag

Mit Mängeln und Gebrechen
  Getrost dir in die Hand,
Der alle meine Schwächen
  Von Jugend auf bekannt.

Du weisst ja, dass im Leben
  Nur Wenig mir geräth,
Du weisst auch, dass mein Streben
  Nicht nach dem Scheine geht.

Was mir in stillen Stunden
  Geworden zum Gedicht:
Das hab' ich erlebt und empfunden
  Und schäme mich dessen nicht.

Du aber nimm's zum Pfande
  Lieber Erinnerung —
Es grüssen dich bekannte
  Gesichter, alt und jung!

Die selber liedgestaltend
  Du mit der Seele sangst,
Geheimen Zaubers waltend
  Die Herzen trafst und zwangst:

Du kennst den Drang, zu sagen
  Des Innern Glück und Pein
Und melodiegetragen
  Sich selber zu befrei'n.

Nun hörst du gern am Ende
  Auch m e i n e n Singversuch, —
Die lieben alten Hände
  Blättern im kleinen Buch,

Sie greifen nach der Brille,
  Das Auge sinnt und schweift
Und über die Zeilen stille
  Dein gutes Lächeln schweift. —

Wenn deinem alten Jungen
  Manchmal ein Lied gelang:
So war hineingedrungen
  Ein Ton aus d e i n e m Gesang

Und wenn an's Herz beim Lesen
  Ein Wort dich trifft einmal:
So war's aus d e i n e m Wesen
  Ein rückgeworf'ner Strahl.

II. Aus Krankheitstagen.

Fliegt, ihr klingenden Zeilen,
Eilt durch die trennenden Meilen
  Hin an ein stilles Bett!
Meiner geliebten Kranken
Käm' ich gern selber zu danken —
  „Wenn ich zwei Flügel hätt'!"

Strahlen der Wintersonne!
Schickt ihr durch's Fenster die Wonne
  Lange entbehrten Licht's,
Küsst die zwei Augen, die alten,
Und übergoldet die Falten
  Ihres lieben Gesichts!

All' ihr glücklichen Stunden,
Die uns so traulich verbunden,
  Schaaret euch um sie her,
Scheucht, wenn sie eingedrungen,
Trübe Erinnerungen,
  Lasset nichts Bitteres mehr!

Robert, H., Abnoba.   5

Heiliges Lager der Kranken!
Adle mir die Gedanken,
　Hebe die Seele empor
Ueber das Alltagsgemeine,
Ueber das Nichtige, Kleine,
　Drin ich mich fast verlor!

Senkt euch, ihr heissen Gebete,
Auf das sorgenumwehte,
　Müde, bekümmerte Haupt,
Dass es mit frohem Vertrauen
Nach den Tagen, den grauen,
　Wiederum hofft und glaubt! —

Alle meine Gedanken
Schweben um's Lager der Kranken,
　Nur mit verstummendem Mund
Kann ich die Hände erheben:
Du, mein anderes Leben,
　Werde mir wieder gesund!

III. Zum 70. Geburtstag.

Und wieder kam der liebe Tag,
Der herbstlich stille, unscheinbare,
Kein Festtag ist's vom frommen Schlag —
— Doch heil'ger keiner mir im Jahre!

Dein Fest ist's ja, mein Mütterlein,
Du Theure, wieder mir Geschenkte,
Du Leben, das der Himmel lenkte,
Und — — siebzig Jahre sind nun dein!

Vor'm Fenster draus ein herbstlich Weben,
Goldbraunes Laub und Blätterschweben,
Und freundlich fliesst ein gold'ner Schimmer
Um das Geräth im stillen Zimmer,
Und Alles, was mein Auge schaut,
Ist mir so heimlich, so vertraut:
Die alten Bilder, die alten Schränke,
Ich kenne sie, solang ich denke,

Die stillen Jugendkameraden!
Sie tragen manchen Altersschaden,
Und doch in dauerhafter Treue
Beschämen sie manch schmuckes Neue;
Von alten Zeiten reden sie,
Von glücklich hingelebten Tagen,
Aufsteigt, erinnerunggetragen,
Des Elternhauses Poësie! —

Und mittendrunter sitzest du
Und lächelst mir ermunternd zu
Mit den guten Augen, den lieben alten,
Und dem feinen Mund trotz Runzeln und Falten —

— — Und so, erinnerungversüsst,
Du Einz'ge, sei du mir gegrüsst!
Ich küsse deine siebzig Jahre:
Die Silberfäden deiner Haare!

Dir möcht' ich heut', ich weiss nicht was,
Vor deine müden Füsse legen
Und danken dir ohn' Unterlass
Für deiner Liebe reichen Segen!

Und schein' ich manchmal lieblos schier,
Unfroh und mürrisch und verdrossen:
Du weisst's ja doch, dass nur in dir
Mein bischen Glück ist eingeschlossen.

Dir, der ich stets mehr Sorge machte,
— So war's mein Loos! — als Freude brachte,
Dir möcht' ich Heut' so Vieles sagen
Und steh' so arm! Mir fällt Nichts ein,
Als fest den Arm um dich zu schlagen:
Gott segne dich, mein Mütterlein!

Aus jungen Tagen

die alten Geschichten.

Novemberwetter.

„Wohin ist denn 'kommen der Sonnenschein
　„Von den Frühlings- und Sommertagen?"
So frug mich neulich die Liebste mein —
　— Ei, Kleine, wie kannst du nur fragen!
Der fiel ja in unsere Herzen hinein,
Die sogen ihn auf und behielten ihn fein
Und haben für uns Zwei ganz allein
　Recht diebisch ihn unterschlagen.
Nun ist er gefangen, der Sonnenschein,
　Nun sitzt er im engen Haus,
Und nur aus den hellen zwo Augen dein
　Da guckt er zum Fenster heraus!

Medicin.

Tannenzweiglein, Immergrün,
  Leichte Epheuranken
Nicken mir vor's Lager hin,
  Dem Gefangnen, Kranken.

Ja, er kommt, der liebe Wald,
  Kommt, mich zu besuchen —
Dunkler Tannen Prachtgestalt,
  Herbstlich braune Buchen!

Deck' und Wände schwinden gleich,
  Frei der Blick in's Weite —
Und ich steh' am Waldesteich,
  Du an meiner Seite. —

Ort so heimlich mir und traut!
  Epheu rankt und schmiegt sich,
Tannenwipfel niederschaut,
  Spiegelt sich und wiegt sich.

Menschenfern und lautlos ruht
Alles traumumwoben —
Nur bisweilen aus der Fluth
Schnellt ein Fisch nach oben,

Nur ganz leise knackt ein Ast,
Der sich löst vom Baume,
Ueber'm Wasser, zögernd fast,
Schwebt ein Blatt im Raume.

Und durch Busch und Zweige bricht
Letztes Sonnensprühen,
Und das warme rothe Licht
Spielt dir über's Angesicht
Und die Stämme glühen. —

Tannenzweiglein, Immergrün,
Leichte Epheuranken —
Wandert wieder zu ihr hin,
Grüne Waldgedanken!

Bringt zu ihr, die euch gebracht,
Meines Herzens Grüssen,
Lasst als Dank dies Blättlein sacht
Aus dem Traum der jüngsten Nacht
Gleiten ihr zu Füssen.

Nach dem Abschied.

I.

Morgens im Bahnzug.

Der Frühwind bläst, die Schatten liegen,
   Und Sturm und Schatten zieh'n durch's Herz, —
Noch klopft's, noch fühlt's dein letztes Schmiegen,
— — Ade, ade! Die Felder fliegen,
   So flieht mein Glück mir abschiedwärts!

In Grau zerfliesst es. Schon verblassen
   Die Thürme fern am Horizont.
Nun fühl' ich's erst: dich musst' ich lassen!
Da fahr' ich hin und kann's nicht fassen,
   Dass ich beim Scheiden scherzen konnt'!

Jetzt kann ich's nicht mehr! Immer wieder
   Sinkt mir die Stirne in die Hand
Und birgt die heissen Augenlider,
Ich zwinge nicht die Trauer nieder
   Und dein gedenk' ich unverwandt.

Und draussen fährt auf Windesflügel
  Der junge Tag froh in die Welt,
Der Sonnenstreifen dort am Hügel:
Sein nachgeschleifter goldner Zügel,
  Der blitzend seiner Hand entfällt.

Ich aber wollt', heraufgestiegen
  Wär' schon die Nacht, dass täuschend mir
Ein Traum dich brächte stillverschwiegen —
— — Ade, ade! Die Felder fliegen
  Und all mein Sehnen fliegt zu dir!

II.

Abends.

Der Tag verging, — ich weiss nicht wie, —
　Nun kommt die leisrauschende Nacht,
Schwarz über die Wipfel gleitet sie,
Um die schläfrige Erde spreitet sie
　Ihres Sternenmantels Pracht.

Was übertönte der laute Tag:
　Nun hör' ich's und hab' ich Acht
In der Stille hier auf des Herzens Schlag,
Nun merk' ich, dass ich den ganzen Tag
　Einzig an dich gedacht!

In Einzelhaft.

Verweht ist das Laub und vergohren der Most
Und der Winter steht vor der Schwelle,
Schneeregen am Tage und nächtlicher Frost —
Wo bleibt mein Wintergeselle?

Die Farben des Herbstes, das Gold und das Roth,
Wie sind sie so rasch zergangen!
Die Felder so grau und der Wald so todt
Und alles Leben gefangen!

Und trüb' und träge der Sonnenstrahl,
Der einst so freudige, helle, —
Die Welt ist farblos worden und kahl,
Und der Abend kommt und die Sehnsucht zumal —
Wo bleibt mein Wintergeselle?

Es tickt die Uhr und mein Herz ist bewegt
Und will mich nicht schlafen lassen,
Vor'm Fenster klappernd der Laden schlägt,
Der Nachtwind fährt durch die Gassen,

Und der Ofen wirft seinen Flackerschein
  Auf die alte trauliche Stelle — —
Späteinsame Stunde: ich denke dein!
  Was säumst du, Wintergeselle?

Schon neigt sich das Jahr. Was hat es gebracht?
  Nur Sorgen und Hoffen und Bangen
Und die Mühe des Tag's und den Traum der Nacht,
  Doch das Glück — ist vorübergegangen.

Und in der verlorenen Stunden Schwarm
  Hinabrinnt Welle auf Welle.
Das Leben ist flüchtig und freudenarm,
Nur die Liebe schmückt's und bestrahlt es warm —
  Komm' bald, mein Wintergeselle!

Nach Reimar dem Alten.

„Dô ich daz grune loup ersach,
Dô liez ich vil der swäre min.“

Als ich das erste Grün ersah,
Warf ich den letzten Kummer hin,
Von einer Frau mir's da geschah,
Dass ich so herzensfröhlich bin,
So wonnig frei und wohlgemuth:
Es dünkt mich Alles hold und gut,
    Was sie mir thut!

Ich sah geschmückt in lichtem Kleid
Die Haide mit den Blumen roth,
Das Veilchen sah ich wieder blüh'n,
Und jubelnd ihren Gruss mir bot
Die Nachtigall im Lenzesdrang:
„Zergangen ist des Winters Noth!“
    Schallt' ihr Gesang.

So hat die Eine mich befreit
Von aller Sorge, allem Wahn,
Was tausend Frau'n voll Herrlichkeit
Mir nimmer hätten angethan.
Vor ihrer Güte schwand mein Leid,
Mein Herz erblüht bei ihrem Nah'n
    In Seligkeit.

Wohl weiss ich Manchen, den's verdriesst,
Dass ich ihr so mein Herz geweiht,
Doch weil's vor Freude überfliesst,
So lacht's in stolzer Heiterkeit
Und duldet gern manch' schiefen Blick —
— Was wissen d i e in ihrem Neid
    Von unserm Glück!

Variation im selben Styl.

Es kam der Mai nach trüber Zeit
    Und schmückte die Gelände
Und gab dem Wald sein lichtgrün Kleid
    Und der Haide vielbunte Spende.
Und Leben hub sich weit und breit,
Die Sonnenstrahlen im Festgeleit
Flogen, auf seinen Wink bereit,
    Und schossen durch Ritzen und Wände
        Behende.

Und wo noch ein kahles Bäumlein stand
    Freudlos an einsamer Halde,
Dem lockte der Mai mit schmeichelnder Hand,
Bis dass es sich auch zum Blühen gewandt,
    Und aus prangenden Zweigen erschallte
Der Frühlingsruf in's lauschende Land
So herzerlösend und wohlbekannt,
    Das Vogellied, das alte,
        Gar balde!

Wie Maiengrün und wie Sonnenschein
  Bist du mir wiedergekommen,
Hast alle Schwere und Kleinmuthspein
  Mir von der Brust genommen
Und die Seele gelockt in's Blühen hinein —
Nun kommt der Fliederduft voll und rein
Und Lieder kommen und Melodei'n
  Zum Fenster hereingeschwommen
    — — Willkommen!

Auf Zetteln.

Einem Freund
mit einer Sammlung geschriebener Gedichte.

Hier sind sie, die „Verbrochenen",
Schon mehrmals dir Versprochenen
Und jetzt, nach langem Faulthierschlaf,
  Als Autograph
An's Licht Hervorgekrochenen.

Nimm nun die Schöngeschriebenen,
Schreibpultherausgetriebenen,
Von einem, wenn's auch nicht mehr mait,
  Doch allezeit
Im Herzgrund Junggebliebenen.

Auch ein „Lob des Frühlings.“

(Frei nach Uhland.)

Helles Grün und grelles Licht,
　Rauhe Schneeluft im Revier,
Schnupfennasen im Gesicht,

　　Ofen, Winterüberzieh'r,
Rheumatismus, Zahnweh, Gicht,
　　Nachtfrost, Sturm und Hagelschlag:

Wenn ich solche Worte singe
Braucht es da noch andrer Dinge,
　Dich zu preissen, Frühlingstag?

Einem Kameraden.

Viel Drückendes und Widriges
  Hat schon deine Tage getrübt, —
Das sei dein Halt: dass Niedriges
  Du selber nie geübt,
Dass du nach dem Rechten und Aechten gestrebt
  Und stets hast verachtet das Scheinen,
Und dass dir noch zornig die Seele bebt
  Beim Spreizen des Gemeinen.

Halte den Augenblick fest und lass das zerstörende
               Grübeln:
Wie du die Freude bedenkst, ist's mit der Freude
               vorbei!

Sei nicht neidisch, wenn neben dir
  Lauter die Freude lärmt:
Fliesst auch stiller das Leben dir,
  Hat's doch die Liebe gewärmt.

Recept.

Wenn in's Aug' die Thräne
  Sich drängen will,
Dann press' die Zähne,
  Sei stark und still.

Was quälend wieder
  Dich überkam:
Zwinge es nieder
  Und banne den Gram,

Die Angst, die geheime,
  Und was es sei,
In die ruhigen Reime —
  Und du bist frei.

Weihnachtslieder.

I.

Auch eine Weihnachtspredigt.

Wann die Dächer verschneit und die Brunnen
          vereist
Und der Tag die Erde verlassen,
Dann streicht der freundliche Weihnachtsgeist
Stillheimlich durch die Gassen.

Er steht und späht an jedem Haus
  Bei Frost und Schneeflockentreiben —
Du meinst, es sei der Nachtwind drauss,
  Der leise gepocht an die Scheiben.

Er sucht in der dunkeln Dezembernacht
  Nach hellen und warmen Herzen
Und übt seine starke und milde Macht
  Auch über Kummer und Schmerzen.

Kein Fenster ist ihm zu hoch und zu klein,
  Er lugt durch Ritzen und Spalten,
Und nicht bei den Kleinen blos kehrt er ein:
  — Auch bei den Grossen und Alten.

Wo die Lampe brennt, wo ihr ruhiger Strahl
  Versammelt des Hauses Glieder,
Da ist er inmitten der fröhlichen Zahl
  Und strahlt aus den Augen wieder.

Und blieb wo Einer abseits allein,
  Zu dem auch kommt er und spricht er
Und zaubert ihm gute Gedanken herein
  Und liebe Menschengesichter. —

Alljährlich kommt er herabgeschwebt
  Aus dem Sternenraume, dem klaren,
Die wintererstarrte Erde erbebt,
  Als käme der Lenz gefahren,

Den schimmernden Schneeschmuck legt sich der
                    Wald
  Festlich um Stirn und Locken,
Und aus den verschneiten Dörflein hallt
  Das Läuten der Weihnachtsglocken.

Zu seinen Ehren flammten einst weit
   Von den Bergen die grüssenden Feuer,
Denn schon der germanischen Heidenzeit
   War der Sonne Geburtstag theuer,

Und im kerzenstrahlenden Tannenbaum
   Hat sich dann zu guter Stunden
Sonnsehnsucht und Welterlösungstraum,
   Julfest und Christnacht verbunden. —

Du Geist der Gnade, des kehrenden Lichts,
   Wie der Glaube auch mag dich gestalten:
Mir bist du die Liebe, — 's ist höher Nichts! —
   Gepriesen dein heiliges Walten!

Und in der Zeit, wo der Frost in's Land
   Mit klirrenden Schritten gekommen,
Da segne uns du mit der warmen Hand,
   Derweil uns die Sonne genommen.

Nun lind're, während der Winterwind tost,
   Elend und Noth und Plage,
Erwecke Hilfe und spende Trost
   Und Hoffnung besserer Tage.

Verscheuche den Neid und tilge den Groll,
　Lass alte Verbitterung schwinden,
In deinem Lichtkreis ein Jeder soll
　Sich selber wiederfinden.

Und wo verlassen in Einsamkeit
　Im Dunkeln das Unglück weinet:
Gib, milder Geist, dass zur rechten Zeit
　Der Sonnwendtag ihm erscheinet!

Denn dein ist die Herrlichkeit, dein ist die Kraft,
　O lass sie nicht müde werden,
Dass den Kinderherzen den Himmel sie schafft
　Und — Friede den Menschen auf Erden!

II.

Post festum.

Weihnachtsabend war vorüber, ausgelöscht der
        Kerzenschimmer,
Nur der hohe Baum stand einsam in dem stillge-
        word'nen Zimmer,
Schwarze Nacht umfloss ihn oben, wo er streifte
        an die Decke,
Dass es schien, als ob die Krone aus der Luft
        herab sich strecke.
Und es zog mich zu dem Finstern hin ein sonder-
        bares Regen —
Unter seinen schwarzen Zweigen bin ich lange
        noch gelegen.

In verschwimmenden Konturen hob sich aus dem
        Dämmergrunde
Dunkelgross die Waldestanne in der mitternächt'-
        gen Stunde,
Nur vom silbernen Gespinnste, den metall'nen
        Christbaumflittern

Glänzte da und dort ein Faden über mir in leisem
        Zittern.
Und der Harzduft troff hernieder, stark und schwer
        und schier berauschend,
Unter'm Athmen, unter'm Flüstern grüner Nadeln
        lag ich lauschend —

Und es sank ein wundersames frohes Klingen auf
        mich nieder:
In dem alten Vaterhause, in dem trauten, war
        ich wieder —
— Kindermärchen, Glückeshoffnung, längst vor-
        über meinen Strassen,
Kommt mir wieder in der Christnacht, wann die
        Lichter ausgeblasen!
Der du dich zu zeigen schämest während hell die
        Kerzen funkeln:
Jugendtraum, du alter, scheuer, lass dich träumen
        hier im Dunkeln!

Excelsior!

Die Buchenwipfel schimmern braun,
  Es sprossen schon die Eichen,
Am Wege grünt der Weissdornzaun
  Und winkt mir Gruss und Zeichen:

„Schau' her, sie hatten mich gestutzt,
  „Ich gab mir alle Mühe,
„Nur Zaun zu sein! — 's hat Nichts genutzt:
  „Ich treibe und ich blühe!"

Hab' Dank! Nun schäm' auch ich mich nicht,
  Du staub'ge Feldweghecke,
Dass ich, wie du, zum Frühlingslicht
  Die Arme sehnend strecke;

Ich ward, wie du, geengt, gezwängt,
  Beschnitten nach der Schnur,
Doch über'n Staub des Weges drängt
  Sich triebstark die Natur.

Schon bricht hervor ein lichter Rand
  Am dunkeln Tannenzweig — :
Auf, alte Unruh', fahr' in's Land,
  In's Reich der Tannen steig!

Und finde Trost, verdross'nes Herz,
  Im freien Bergrevier,
Die starke Sehnsucht höhenwärts
  Bleibt doch das Best' in dir!

III.

Zum Fenster hinaus.

Doch nach stillverträumten Tagen
Schau' hinaus in's Leben wieder
Und durch deine wachen Lieder
Lass das Herz des Volkes schlagen!

Zeitgedichte.

(1887 und 1888.)

I.

„Tageweise.“

Deutschland, halte die Augen auf!
Am Horizonte flammt's,
Wetterleuchtend zieht es zu Hauf —
Walte des Wächteramts!

Schweres Nebelgewölk umzieht
Wachsend die Höhensäume,
Schatten jagen über das Ried,
Pfeifend fährt's durch die Bäume.

Fernher über den Erdenkreis
Dumpfes Donnergeroll —
Alle hören's und Niemand weiss,
Was es noch werden soll.

In der Wetterwand hinter'm Rhein
   Klafft es, streifig erhellt,
Und ein fahler, zuckender Schein
   Läuft durch die bange Welt.

Kreischend flattert der Raben Brut
   Um der Eiche Geäst.
Künden sie Sturm und wittern sie Blut? —
— Deutschland, wache! Sei auf der Hut!
   Binde den Helm dir fest!

Blicke scharf, wie der Adler späht,
   In das dunstige Land,
Horche, was dir der Wind verräth,
   Halte am Schwertgriff die Hand!

Nebelverborgen schleicht die Gefahr,
   Feinde sind draussen und drinnen,
Lasse nicht thatlos und sorglos gar
   Zeit und Gewalt sie gewinnen.

Lass deinen ehrenblanken Schild
   Weit durch die Dämmerung funkeln,
Dass sie merken: sein Lichtschein gilt
   Ihrem Treiben im Dunkeln.

Deutschland, halte dein Schwert bereit,
　Halte bei Tag und bei Nacht
In der brauenden Wetterzeit
　Treulich die Fahnenwacht!

Zeige dich, vor dein Banner gestellt,
　Zeige dich fern und nah,
Und, dem Wetterleuchten gesellt,
　Dringe dein Wächterruf hell in die Welt.
　　„Eia vigilia!" *)

Februar 1887.

---

*) s. Scheffels Ekkehard Anm. 153.

II.

Trau — Schau — Wem!

Es geht was um im deutschen Land,
  Im Land von Luther und Hutten,
Es huscht wie Schattenspiel an der Wand,
  Sieht aus wie Kaputzen und Kutten.

Vorsichtig erst hinter Busch und Verhack
  Spähen die Tirailleure,
Und bald rückt's näher mit Sack und — mit Pack:
  Ihr Schläfer, an die Gewehre!

Doch es ist nicht der feste, metallene Tritt
  Geschloss'ner Soldatenketten,
Es ist der gedämpfte, schlurfende Schritt
  Von Schleichern, — trocknen und fetten.

Es kommen, in dunkeln Haufen gesellt,
  Verschollen geglaubte Gestalten,
„Ihr Reich sei nicht von dieser Welt“ —
  Wir kennen's: es sind noch die Alten!

Sie reden von Duldung jeglichen Stand's,
  Uns aber dünkt: mit nichten,
Es braucht nicht das Volk der Toleranz
  Die Intoleranz zu züchten.

Was sie Gutes gebracht: unvergessen sei's,
  Doch sie sollen uns nicht belügen,
Sie sollen uns nicht mehr um den Preis,
  Um den schwererkämpften, betrügen!

Im Lande der Arbeit, der Geistesthat,
  In der Heimath der freien Gewissen
Soll nicht auf's Neue ein Pfaffenstaat
  Sein düsteres Banner hissen! —

Deutschland hab' Acht! und dein Haus, bewach's!
  Lass dich nicht Vertrauen beseelen,
Sonst schleichen sich wieder Fuchs und Dachs
  In ihre alten Höhlen!

Du gabst das Zeichen, du reichtest die Hand,
  Nun greift's mit gierigen Händen,
Nun wahre dich, lieb' Vaterland,
  Vor den eigenen Experimenten!

Doch wir in der untersten E c k e des Reichs
  Sind auch e c k i g e Kameraden,
Wir begreifen die That eines Schwabenstreich's,
  Doch gar nichts von Konkordaten,

Wir sind nicht so gedankenflink,
  Sind beschränkt altmodische Leute,
Die meinen, dass der Geschichte Wink
  Doch auch noch etwas bedeute,

Wir lassen es, ohne Blick und Genie,
  Beim gutbewährten Alten,
Die Zukunft richte — die irrt sich nie —
  Und zeige, wer Recht behalten!

Badensis.

September 1887.

III.

Nunquam retrorsum!

(Beim Zusammentritt der badischen Landstände.)

Vor Belfort war's, es wälzt' und zog
  Sich näher die Gefahr —
„Wir lassen sie nicht durch!" das flog
Durch die entschloss'ne Schaar.
Sie hielten aus gar treu und stramm
  In Winterfrost und Schlacht,
Die Zähne bissen sie zusamm'
  Bis sie das Werk vollbracht.

So schlimm steht heut' die Sache nicht,
  Doch recht bedenklich schon —
Und wieder gilt's: thu' deine Pflicht,
  Du „badische Division!"
Ihr liebtet nie den Rückwärtsgang,
  Ihr Männer vom Schwarzwald und Rhein,
Die Losung bleibt, die damals klang:
  Wir lassen sie nicht herein!

November 1887.

IV.

„Furor teutonicus."*)

Eine Perspektive zu Nutz und Trutz.

Es lebt ein Volk im Herz der Welt,
  Das geht seine grosse Bahn,
Zu hohem Friedenswerk bestellt
  Schreitet's den Völkern voran;
Stillernste Geistesthat entquillt
  Aus tiefem, starkem Born,
Doch ländererschütternd wogt und schwillt
  Des Volks entfesselter Zorn.

Schon manchmal ward dieses Zornes Hauch
  In der Weltgeschichte verspürt,
Schon manchmal blies er durch Qualm und Rauch,
  Hat glimmende Gluth geschürt
Und hat wie ein flammend Gewitter weit
  Durch die Schwüle der Zeiten gekracht
Und das Schlechte getilgt und das Recht befreit
  Und dem Geist eine Gasse gemacht. —

---

*) Siehe Bismarck's Reichstagsrede vom 6. Februar 1888.

Herb war des Volkes Jugendzeit:
  Es herrschte das eiserne Rom,
Römerkastelle weit und breit
  Und der Rhein ein römischer Strom;
Die Stämme betrogen, zu Knechten gemacht,
  In faulen Frieden gelullt — —
Doch in den Wettern der Hermannsschlacht
  Da riss die deutsche Geduld.

Und wieder war's eine böse Zeit,
  Denn geknechtet war nun der Geist
Und Pfaffentrug und Verlogenheit
  Machten sich breit und dreist;
Doch Einer war, in dem erglüht's,
  Der hob sich ringend empor,
Und es brach aus den Tiefen des Volksgemüths
  Der heilige Zorn hervor. —

Die Zeiten schwanden, die Weltuhr lief
  Ihren unaufhaltsamen Gang,
Doch die Kraft, sie siechte, das Volk, es schlief
  Und träumte Jahrhunderte lang,
Bis endlich im grossen Korsenkrieg
  Es knirschend in Ketten lag:
Da kam der Zorn und da kam der Sieg
  Und der Freiheit strahlender Tag.

Und nochmals zog der Tross daher
   Des wälschen Kaiserthums:
Da traf „der Tag des Zornes" schwer
   Das eitle Volk des Ruhms,
Da ward im Sturm was Lüge war
   Vom strafenden Schwert gefällt
Und des neuerstandenen Reiches Aar
   Stieg machtvoll über die Welt. —

Du Friedensvolk, in alles Land
   Streu' deines Geistes Saat!
Doch wettergleich und gottgesandt
   Sei deines Zornes That,
Erzdröhnend schalle und kraftbewusst,
   Vernehmbar allerwärts:
Dein Klopfen an der Erde Brust,
   Du starkes Völkerherz!

Noch dämmert in der Zukunft Schooss
   Was dich bedrohen mag,
Du aber bleibe ruhig und gross,
   Bis „kommen wird der Tag":
Dann, Volk des Siegfried, sei bereit
   Und steh' im Sturme vorn,
Dann wecke, Weltgeist, zur rechten Zeit
   Den siegenden „deutschen Zorn"!

Februar 1888.

V.

Nachklang.

Von Osten kam ein froher Schall
  In frischen Oktobertagen:
Mit waffenklirrendem Widerhall
  Hat Hand in Hand geschlagen.

Das war in Wien, da ward der Bund
  Der Freunde geschlossen auf's Neue,
Da ward auf starkem, neuem Grund
  Besiegelt die alte Treue.

Das Frühlicht flog, der Heerschild hing
  Gedoppelt an breiter Eiche,
Ein grosser Völkerherzschlag ging
  Durch die herbstlichen weiten Reiche.

Wir Alten gedachten der alten Zeit,
  Eh' die Trennungsstunde geschlagen,
Und dass wir zusammengehören heut'
  Wie in den Jugendtagen.

„Das ganze Deutschland soll es sein!"
  Hatten wir Alten gesungen, —
An blauer Donau, an grünem Rhein
  Zwitschern's nun wieder die Jungen.

Nun fliegt, ihr Fahnen, und mischt zusamm'
   Eure Farben in der Sonnen:
Deutschland hat seine alte Flamm',
   Seine Ostmark wiedergewonnen!

Schulter an Schulter in ruhiger Kraft,
   In einiger, stammverwandter,
In fester Waffenbrüderschaft
   Stehen sie beieinander.

In schwüler Zeit, in Sturmesweh'n,
   Auf stillen Friedenspfaden, —
O möchten sie immer zusammengeh'n
   Als gute Kameraden!

Heil dir, Europa's Wacht und Hut,
   Bleib treu auf allen Wegen
Und schreite froh und hochgemuth
   Der neuen Zeit entgegen!

So klang mein Lied. Ich fühlte jung —
   — O alter Kindskopf, schlafe!
Es pfeift auf deine Begeisterung
   Der Slave und der Taaffe.

Oktober 1888.

Kaiserlieder
1888.

Wilhelm I.[*]

I.

Zum 9. März 1888.

Hoch über den Dächern, dem Märzwind gesellt,
  Klingen die klagenden Glocken,
Grau lagert Trauer auf Himmel und Feld,
  Der Herzschlag der Welt will stocken.

Der Kaiser ist todt! Eine Sonne sank,
  Die Licht und Wärme gegeben
Dem Erdkreis, der ihre Strahlen trank.
  — Es war ein geheiligtes Leben!

Nun ist, das uns so theuer war,
  Dem Menschenloos erlegen
Dies Leben, so reich und so wunderbar
  An Siegen und an Segen.

Er starb, hochaufrecht bis zuletzt,
  Wie ein alter Nordlandrecke —
— Der „Kaiser Weissbart" schlummert jetzt,
  Sein Goldschild lehnt in der Ecke.

---

[*] Als Gedenkblatt gedruckt zur Erinnerungsfeier in Karlsruhe am 22. März 1888.

Und es zieht ein Klagen durch's weite Reich
  Um den heimgegangenen Helden,
Um den Vater des Volks, dessen Ruhm zugleich
  Ehre und Milde erhellten.

Und düstere Schatten sind geschaart
  Am deutschen Kaiserthrone,
Denn der Trauer ist Sorge und Schmerz gepaart
  Um den kranken Erben der Krone. —

Halt' aus, du Hohenzollernstamm,
  In Noth und Tod und Schmerzen!
In schwerer Prüfung, treu zusamm',
  Schlagen dir unsere Herzen!

Du hast uns so herrlich im Glück geführt
  Unter fliegender Fahnen Wehen:
Wir wollen, nun dich das Unglück berührt,
  Nur fester noch zu dir stehen!

Gott sei mit dir, du deutsches Land,
  In dieses Lenzsturms Treiben
Und schütze dich mit starker Hand —
  „Das Reich muss uns doch bleiben!"

II.

Zum 16. März 1888.

Zu Charlottenburg in der Königsgruft
  Liegt bläulicher Dämmerschein,
Wie Mondesstrahl zittert und sinkt durch die Luft
  Das Licht auf den Marmelstein.

Es küsst der Königin Stirne sacht
  Im einsamen, lautlosen Bau:
Da ist's, als ob zum Leben erwacht
  Das Antlitz der stillen Frau.

Da hebt sich der Stein und das edle Haupt
  In reiner Marmorschöne,
Es ist, als ob es zu hören glaubt
  Fernhergetragene Töne.

Sie richtet sich auf, sie horcht, sie späht,
  Sie streckt die schneeweissen Hände,
Ihr Sehen dringt, ihre Seele geht
  Durch des Mausoleums Wände:

„Du kommst, du kommst, mein Heldensohn,
  „Du hast mich nicht vergessen!
„Ich hab' dich lange erwartet schon
  „Voll Sehnsucht unterdessen.

„Du kamst ja treulich jedes Jahr
  „Und hast bei mir gebetet,
„Du hast dich, mein Kind mit dem weissen Haar,
  „Zum erstenmale verspätet.

„Willkommen hier! dies Heiligthum,
  „Dies stille, wehrt allem Leide,
„Nun ruh' dich aus von Gram und Ruhm
  „An deiner Mutter Seite!"

Sie sinkt zurück auf den Sarkophag,
  Auf den Lippen die selige Bitte, —
Im Traume lächelt, der neben ihr lag,
  König Friedrich Wilhelm der Dritte.

Und draussen zieht es heran mit Macht
  Und die Trauerklänge, sie wogen:
In majestätischer Todespracht
  Kommt Kaiser Wilhelm gezogen.

Robert, H., Abnoba.   8

Verworrenes Brausen dringt herein,
　Geräusch von Waffen und Wagen,
Auffliegen die Pforten — im Frühlingsschein
　Wird der Sohn zur Mutter getragen.

III.

Zum 22. März 1888.

Was die Glocken sagen.

Die Frühlingsstürme wehen
  Vom Alpenwall zum Ostseestrand,
Die Kaiserglocken gehen
  Im weiten deutschen Land.

Von allen Thürmen schallt es,
  Vom Dom, vom Kirchlein tief im Thal,
Vieltausendstimmig hallt es,
  Ein stürmender Choral.

Und schwebte in hohem Fluge
  Ein Adler weit vom Süd zum Nord,
Dem klänge auf seinem Zuge
  Das Läuten in einemfort.

Und würden zusammenschlagen
  In Ort und Stund' die Glocken all:
Es könnte kein Ohr ertragen
  Den übermächtigen Schall,

Der Donner der Kanonen
  In des todten Kaisers gewaltigster Schlacht,
Er verklänge davor, wie die Kronen
  Des Eichwalds rauschen bei Nacht. —

Hör' ich die Glocken klingen,
  So hebt sich's hell aus Klag' und Noth:
Die Liebe — tönt's im Schwingen —
  Ist stärker als der Tod!

Friedrich.

I.

Frühlingsanfang.

(21. März 1888.)

Auf den Feldern liegt frischer Märzenschnee,
  Der Wind weht eisig und rauh,
Und auf Deutschland lastet noch „Kaiserweh",
  Beklemmend und nebelgrau.

Ein schlimmer Frühling! Ein Kaiser dahin,
  Um den uns der Erdkreis beneidet,
Und der wie ein Kriegsgott gefestet schien,
  Ist wund und siech und leidet!

Ernst blicken die Augen des Vaterland's,
  Was braucht da der Lenz auch zu scheinen!
Er dränge zurück seinen freudigen Glanz
  Mittrauernd, könnte man meinen. —

Doch vor meinem Fenster, auf kahlem Reis,
  In Wind und Schneeregenschauer,
Sitzt eine Schwarzamsel, die sieht und die weiss
  Von Winter Nichts und von Trauer,

Die singt mit ihrem herrlichen Alt,
  Als schiene strahlend die Sonne,
Durch den winterlich öden Garten schallt
  Des warmen Tones Wonne.

Bald öffnet ein Fenster sich dort, bald da,
  Und sie lauschen der kleinen Kehle,
Und wer das jubelnde Thierlein ersah,
  Wird fröhlich in seiner Seele.

Das sitzt im Wetter und singt und singt
  In's Kommende, Unsichtbare —
Und aus dem verfrühten Lenzlied erklingt
  Der Hoffnung Siegesfanfare.

II.

Zum 15. Juni 1888.

Es ist gescheh'n! Es hat das tapfre Herz
  Des königlichen Dulders ausgerungen,
Er ruht und hält den Griff des Feldherrnschwerts
    Stillbleich umschlungen.

So lag einst Siegfried, als den Tod er fand
  Inmitten seiner Bahn zu böser Stunde:
So stirbt auch dieser „Held von Niederland"
    An tück'scher Wunde. —

Gross war's, wie er auf blut'gem Schlachtenfeld
  Mit seinem Siegschwert uns das Reich erstritten:
Doch grösser ist's, wie er als stiller Held
    Klaglos gelitten.

Sein Schicksal wusst' er und er zagte nicht,
  Er schritt den dunkeln Weg ergebungsheiter,
Und selbstvergessend lebt' er seiner Pflicht,
    Ein Todgeweihter.

Er zwang sein Weh im Dienst des Vaterlands,
　Treu hielt er aus auf seinem Leidensthrone,
Vom Haupte strahlt ihm, über'm Lorbeerkranz.
　　Die Dornenkrone. —

Nun senken sie den Herrlichen zur Gruft
　Und ringsum hält sein Volk die Leichenwacht,
Und eine Stimme tönt aus hoher Luft:
　　„Es ist vollbracht!"

Nun weine, Deutschland! schäm' dich dessen nicht,
　Mit Thränen darfst du um dies Schicksal trauern,
Wo selbst der Himmel hüllt sein Angesicht
　　In Regenschauern. —

Doch tröstlich steigt aus Schmerz und Todesleid
　Sein theures Bild, hell, wie in Gold getrieben:
Dein Siegfritz, Deutschland, bleibt dir allezeit
　　In's Herz geschrieben.

Sein Name war's, der band einst Nord und Süd,
　Zu allem Edeln leuchte er auf's Neue
Und klinge in die Zeiten wie ein Lied
　　Von deutscher Treue!

Wilhelm II.

„Hêr keyser, sit ir willekomen!"
Walther von der Vogelweide.

I.

Schwarzwaldgruss.

(25. Juni 1888.)

Der Morgen kommt! Der „Hohenzollern Noth"
Und Deutschlands Kaiserweh ist nun geendet,
Der neue Tag hat helles Morgenroth
    Heraufgesendet.

Durch Wolken flammt's und säumt den Bergesrand
Und rinnt erweckend in die Thale nieder,
Nach düstrer Zeit strahlt endlich in das Land
    Die Sonne wieder.

Es reckt sich auf das alte Zollernschloss,
Die hohen Zinnen sind mit Gold umgossen,
Und aus den Mauern steigt ein Eichenspross
    Frühlichtumflossen.

Glück zu und wachse, königlicher Baum,
 Und breite deine Krone hoch im Lichte,
Und geht dein Rauschen durch der Erde Raum:
 Sei's Weltgeschichte!

Wie deine Felsenburg im Süden ragt,
 Steht felsenfest und treu zu dir der Süden,
Mit neuem Muthe gilt es unverzagt
 Das Reich zu hüten.

Vom Todesschmerz, vom Lebensernst gestählt,
 Du und dein Volk, wir schreiten gleiche Bahnen,
„Sei's Friede oder Sturm": wir sind beseelt
 Vom Geist der Ahnen!

Schon klang dein Wort, froh haben wir gelauscht,
 Und heller Zukunft warst du uns Verheisser —
Die Südmark grüsst dich und die Tanne rauscht
 Dir, junger Kaiser!

II.

Neapel.

(16. Oktober 1888.)

Fahnen und Blumen und Festgedräng'
    Und Jubel in den Gassen,
Die weiten Plätze sind heut' zu eng
    Für die frohen, wogenden Massen.

Dem jungen Kaiser der Deutschen gilt's,
    Der nach dem Süden gezogen,
Es leuchtet zur Seite des farbigen Bild's
    Der Golf mit den blauen Wogen.

Und rings in südlichen Lauten klingt
    Des deutschen Namens Ehre,
Das helle Preussenlied, es dringt
    Bis zum Tyrrhenischen Meere.

———

Aus ferner Zeit ein and'res Bild
    Will mich heut' nicht verlassen:
Da tobte Kampf, da scholl es wild
    Hier durch Neapels Gassen,

Am Karmelitermarkt ragte dort
  Ein Gerüst zur blutigen Taufe,
Da fiel durch tückisch rohen Mord
  Der letzte Hohenstaufe,

Da sanken sie mit dem blonden Haar
  Die jugendschönen Gestalten — —
Eine päpstlich fränkische Henkerschaar
  Hatte Gericht gehalten.

Heut' aber ist eine andere Zeit:
  Wo ein grosses Geschlecht einst verblutet,
Da schreitet in stolzer Heiterkeit
  Der Deutsche, jubelumfluthet.

Die Völker geeint und wie Brüder gesinnt,
  Die schwer gerungen einst hatten —
Im Sonnenglanze bleicht und zerrinnt
  Konradin's blutiger Schatten.

Die neuerstandenen Reiche durchweht
  Ein Geist, ein segensvoller,
Und durch's sonnige Land der Schönheit geht
  Der junge Hohenzoller.

In Honorem

J. Victoris Scheffel.

Ein Scherflein des Dankes

von

einem alten Heidelberger Studenten.

1886.

Jeder so gut er's kann,
Aber Alle für einen Mann.
Vivant sequentes!

———◦✦◦———

Der Ertrag des April 1886 in Karlsruhe erschienenen
Heftchens war als kleiner Anfang einer Sammlung für das
Karlsruher Scheffeldenkmal
bestimmt gewesen.

I.

Zum 12. April 1886.

Sie haben ihn zu Grab gebracht,
  Den Meister heimathlichen Sanges
Bei Sonnenschein und Frühlingspracht,
  Beim Grüssen blauen Schwarzwaldhanges.

Mit Vogelruf, mit Glanz und Lust
  Ist hell der Lenz in's Land gedrungen,
Er aber, er hat fortgemusst,
  Der uns den Lenz in's Herz gesungen.

Nun erst hat sich auf immerdar
  Der kunstbeseelte Mund geschlossen,
Daraus so klar, so stark und wahr
  Goldlauterer Humor geflossen!

Ich hatt' ihn lebend nicht gekannt —
  Und doch ist mir ein Freund gestorben,
Und einer, dem ich näher stand,
  Als Viele, die ihn nah' umworben.

Seit jungen Tagen fort und fort
  Hab' ich den Meister hochgehalten,
Mir sprach sein reifes, ruhiges Wort:
  „Befreiung suche im Gestalten!"

Tief war sein Wesen und Gedicht,
  Vom Herzen kam's, zum Herzen drang es,
In's Breite ging sein Schaffen nicht,
  Doch was er schuf war ersten Ranges.

Ich war nicht bei dem Leichenzug,
  Bei dem Gepränge in den Gassen,
Seitab des Schalls war mir's genug,
  Des Todten Lebendes zu fassen.

Und lebend bleibt er und erhebt
  Hoch sich empor aus Schmerz und Schwächen,
Die sind jetzt todt: sein Genius lebt,
  Und nur von dem wird man noch sprechen. —

Von fernher dringt mir noch an's Ohr
  Des Trauermarsches leis Verklingen —
Und eine Lerche steigt empor,
  Im Lichtglanz breitend ihre Schwingen.

II.

Hohentwiel.

Die Sonne sank und der Schatten fiel
   Schnellwachsend über die Halde,
Da standen wir auf dem Hohentwiel
Und sah'n in's verglühende Farbenspiel,
   Dunstschleier hingen am Walde.

Am Himmel flammten wie Feuerbrand
   Der Wolken zerrissene Säume,
Rothgoldenes Licht flog über das Land,
Als streifte des fliehenden Tag's Gewand
   Nachschleifend Felder und Bäume.

Da lagen die Hegauberge rings,
   Die einsamen, trotzigen, schroffen,
Und hinter den Wällen des Jura hing's,
Das Geistergebilde des Alpenrings,
   Vom scheidenden Licht getroffen.

Wie Sturzfluth über die Dämme hervor,
　So reckten die schneeigen Firnen
Aus der Vorberge Blau, aus dem Wolkenflor
In gefrorener Welle die Häupter empor,
　Eishelme auf schimmernden Stirnen.

Da lag der waldige Ufergau
　Und Dorf und Städtlein rauchte,
Der Untersee glänzte wie Stahl so blau,
Daraus die schwimmende Reichenau
　Mit den dunkelnden Thürmen tauchte.

Da sank er hinunter, der glühende Ball,
　Und in Grau zerrann fliessend die Ferne,
Und die Nacht stieg schweigend über den Wall,
Und herab auf Gestrüpp und Mauerzerfall
　Schienen die ersten Sterne.

Und da kam's durch die Dämm'rung, da schwebt'
　　　　　　　es und schwand's
　Durch des Burghofs zerbröckelte Bogen
Wie dunkle Gewande und Waffenglanz:
Da sind sie im reisigen Todtentanz
　Zum Hunnenkampfe gezogen. —

Robert, H., Abnoba.　　　　　　　9

Wir aber kehrten im Rasthaus ein
  Auf luftigem Holzbalkone,
Bei flackerndem Windlicht blinkte der Wein,
Schwarz ragte der Berg und schaute herein,
  Scharf hob sich vom Himmel die Krone.

Und aus altem Buch durch den offenen Bau
  Stiegen der Dichtung Gestalten,
Der stille Mönch und die stolze Frau — —
Da ward andächtige Geisterschau
  Und Gedächtnissfeier gehalten.

Zwei Wandergesellen bis tief in die Nacht
  Haben mit Sinnen und Singen
Beim rothen Burgwein treulich gewacht
Und deiner, du Ekkeharddichter, gedacht
  Mit Gläserzusammenklingen!

III.

Wartburg.

Der Morgen graut, die Dämm'rung rinnt,
  Die Nebelmassen wogen,
Frau Aventiure steht und sinnt
  Im hohen Fensterbogen.

Sie schaut hinab in's schlafende Thal
  Und zum Bergwald, dem nachtthaufeuchten,
Da hebt sich südher mit einemmal
  Ein seltsam Glimmen und Leuchten.

's ist nicht die Sonne, die ist noch fern,
  Und es ist nicht von Osten gekommen:
Es ist eines sterbenden Dichters Stern,
  Der über dem Schwarzwald verglommen.

Sie kennt das Zeichen, — sie ahnte es schon, —
  Sie neigt ihr Haupt in Bangen:
„Mein letzter Ritter, mein Lieblingssohn,
  „So bist du dahingegangen!

„Nun muss ich Vereinsamte mich vor der Welt
 „In die Waldestiefen verstecken!
„Wann wird mich wieder ein preislicher Held
 „Mit siegendem Hornruf wecken?"

IV.

Altheidelberg.

Alt Heidelberg, du feine,
 Du treue in der Noth,
Nun trau're still und weine:
 Dein Sänger der ist todt!

Stadt fröhlichjunger Herzen,
 Das war ein schwerer Schlag,
Als er in Noth und Schmerzen
 In deinen Mauern lag!

Wohl naht' aus lindem Süden
 Der Frühling deinen Au'n,
Doch ihm war's nicht beschieden,
 Dein Jubelfest*) zu schau'n.

In's Herz steht er geschrieben
 Dir und dem ganzen Reich
Und unser ist er blieben:
 Kein And'rer kommt ihm gleich!

---

*) 500jähriges Universitätsjubiläum, August 1886.

Alt Heidelberg, du feine,
  Und wird's auch draussen kahl:
Jungewig lebt der Eine
  In deinem Neckarthal!

V.

Karlsruhe.

Am Hardtwaldsaum, waldluftumwoben,
  Da steht ein Haus in Reih' und Glied,
D'raus hat er einst den Flug erhoben,
      Hell klang sein Lied.

Und wie der Vogel, nestentflogen,
  In treuer Brust den Todeskeim,
So ist er wieder eingezogen:
      Nur heim, nur heim!

Mit letzter Kraft, mit letztem Wollen
  Kehrt' er in's stille Elternhaus,
Zu klagen dem erinn'rungsvollen:
      Das Lied ist aus!

Hier hat der Knabe eingefangen
  Den Sonnenstrahl im Waldrevier,
Und was dann Schönes aufgegangen:
      Es wurzelt hier.

Hier wuchs, hier fing sich an zu dehnen
  Sein junges, reiches Künstlerherz,
Viel hat's umfasst, — sein letztes Sehnen
    War heimathwärts.

Und was ein And'rer*) uns gesungen,
  Dass „aus der Heimath kommt der Schein":
Sein brechend' Auge, trostdurchdrungen,
    Sog ihn noch ein.

Nun senkt zum Anfang sich das Ende:
  Wo ihn der Kindheitstraum umfing,
Schliesst seines Heimgang's Sonnenwende
    Den Lebensring.

---

*) J. P. Hebel.

Weihnacht am Fenster.

Hebet eure Augen auf,
  Weihnacht ist gekommen!
Erste Sterne blinken schon,
Ueber'm Schnee wogt Glockenton —
  Habt ihr ihn vernommen?

Richtet euer Sinnen auf
  Aus den engen Schranken!
Haltet ein im Alltagslauf,
Sammelt euch aus wirrem Hauf
  Kleinlicher Gedanken!

Erde hat sich freigemacht
  Aus den Werktagsmühen,
Eiskrystall und Sternenpracht
Glitzern durch die Winternacht
  Und die Fenster glühen.

Hebet eure Seelen auf,
  Die noch nicht verflachten!
Aufwärts schwingt sich Festgeläut,
Auf das Ew'ge richtet heut'
  Sinnendes Betrachten!

Wie die Sterne droben geh'n
  Ihre grossen Bahnen,
Soll das Kreisen uns umweh'n
Einer Welt, die wir nicht seh'n,
  Die wir heute ahnen. —

Hebet eure Hände auf,
  Die im Gück ihr wandelt!
Was noch kommt ist euch verhüllt —
Wie Beschenkte, dankerfüllt,
  Lebt und strebt und handelt!

Richtet euer Hoffen auf,
  Leidverdross'ne, Müde!
Nach des Lebens Kampf und Noth
Kommt das stille Abendroth,
  Kommt der grosse Friede.

Jene letzte, tiefe Nacht
  — Was euch jetzt auch quäle —
Birgt vielleicht in ihrem Schooss
Christnachtwunder leuchtendgross,
  Freude eurer Seele.

Wiederschein des Jugendtraum's
  Soll uns Alten taugen,
Aus dem Gold des Tannenbaums,
Aus dem Glanz des Sternenraums
  Blickt's mit Kinderaugen.

Und ihr Andern, die ihr nicht
  Glauben könnt und hoffen,
Haltet aus! Ein sieghaft Licht
Strahlt auch aus dem Wörtlein Pflicht,
  Aus dem festen, schroffen. —

Alle aber sammelt euch
  Um das grüne Zeichen!
Der die Erde heut umkreist
Ist ein heller, hoher Geist
  Aus den Sonnenreichen.

Zündet in den Herzen an
  Heilige Sonnwendfeuer!
Helft, wo Noth und Kummer drückt,
Wenn ihr Andere beglückt,
  Ist das Glück auch euer!

Nicht aus dumpfer Glaubensqual
  Ist das Heil gedrungen,
Nicht mit Geistesstolz und Stahl:
Mit des Mitleids warmem Strahl
  Ward die Welt bezwungen.

Wie die Sonne heute kehrt
　Aus des All's Getriebe,
Dring' in's kleinste Kämmerlein
Durch den Winterfrost herein
　Sonnenstark die Liebe!

Und das Licht der Seelenkraft,
　Heute neu entglommen,
Leuchte euerm Lebenslauf —
Hebet eure Herzen auf:
　Weihnacht ist gekommen!

IV.

Wieder drauss.

„Und us der Heimet chunnt der Schi':
„'s muess lieblig in der Heimet sy!"

J. P. Hebel.

Schwarzwaldode.

Nach öder Zeit, nach langer Gefangenschaft,
Nach Druck und Kleinmuth, der auf der Seele lag:
   Seh' ich dich ragen und grüsse dich wieder,
      Dich, mein Schwarzwald!

Es hebt sich empor deiner Kuppen dunkles Gewog,
Felswände starren, es leuchtet dein Wiesengrün,
   Und drüber her ihre schattenden Zweige
      Senken die Tannen.

Dein Antlitz ernst, doch freundlich und wohlvertraut,
Es spricht zu mir, und es dringt mir zum Herzensgrund,
   Wie das ruhige Wort bewährten, alten
      Tröstenden Freundes.

In deinem Reich, in deines Waldfriedens Bann
Da hausen nur gute Geister und haben Gewalt,
   Und die dummen Teufel der Selbstqual müssen
      Beschämt entweichen.

Wie dem einsamen Weih, der über den Forst dir zieht,
So breiten sich mir in der tragenden Hochlandluft,
 In ruhig gewordenen, stilleren Kreisen
  Die Schwingen der Seele.

Nun schreit' ich wieder durch dein hohes Revier
Und spüre deines Anhauchs heilende Kraft,
 Schau' dir in's dunkle, waldtiefe Auge —
  Und wir versteh'n uns!

Befreiung rauscht mir dein wogendes Wipfellied,
Wildwasser murmeln, es hämmert ein ferner Specht,
 — Es rufen die alten, bekannten Stimmen
  Aus jungen Tagen.

Aus Thal und Tobeln und hoch vom Berghang blinkt's,
Hell unter tiefgesenktem Strohdach hervor,
 Der weisse Rauch, wie wehende Schleier,
  Entschwebt in die Tannen, —

Und von der Halde drüben, bald fern, bald nah,
Von Heerdenglocken ein wandelnder Stimmenklang,
 Und über die Höhen und Thäler läutet's:
  Hier ist der Friede!

HAVE MARIA!

Alte Wege bin ich gegangen,
  Liebe Plätze hab' ich geschaut,
Hochwaldluft hat mich wieder umfangen,
Drunten des Thales sonniges Prangen,
  Drüben die Berge, dunkelumblaut.

Lange im Grase bin ich gelegen
  Einsam unter der Linde Geäst,
Wehender Zweige flüsterndes Regen,
Spielender Lichter leichtes Bewegen — —
  Altes Gedenken, wie hältst du so fest!

Schwebend über den trauten Orten
  Meine treuen Gedanken zieh'n,
Ach, wie anders ist Alles geworden,
Fremd und verlassen liegen sie dorten,
  Fröhliche Tage, so seid ihr dahin!

In die Kapelle bin ich getreten
  Vor das Madonnenbild lieblich und jung,
Und vor der Milden, der Friedenumwehten,
Kam es mich an wie ein stilles Beten:
  „Heilige mir die Erinnerung!"

Einer Freundin.

„Aus deiner Heimath grüss ich dich"*)
  Rasch im Vorüberfahren,
Die alten Bäume zeigen sich,
  Die dir einst Freunde waren.

Dort lugt versteckt das Giebeldach
  Von deinem Vaterhause,
Im Erlenschatten fliesst der Bach
  Mit leisgedämpftem Brause,

Er zieht durch Busch und Rasengrün
  Nachdenklich und beschaulich,
Die Zweige weh'n, die Ufer blüh'n,
  Der Epheu rankt sich traulich. —

Und in dem grünumhegten Raum
  Da flossen einst deine Tage,
Zog Kinderspiel und Mädchentraum
  Und der Jugend kleine Plage;

---

*) Anfang eines Gedichts von Karl Stieler.

Hier hat sich in der freien Luft
  Die Kinderseele erschlossen,
Rings Grillengezirp und Wiesenduft
  Und Sonnenglanz d'rübergegossen. —

Verwahrlost steht jetzt Hof und Thor,
  Gras wuchert in die Wege,
Schwermüthig zieht vom Dach empor
  Der Rauch sich über's Gehege.

Mir aber will's wie stiller Dank
  Freudig das Herz erfassen:
Ob auch die alte Zeit versank,
  Sie hat uns dich gelassen,

Du warst des alten Hauses Schatz,
  Du warst das Beste drinnen —
O Segen über den grünen Platz,
  Wo deine Tage beginnen!

Und wie das Bild jetzt langsam zieht
  Vorbei im Weiterfahren,
Möcht' ich's im kunstlos kleinen Lied
  So gern für dich bewahren.

Es rollt der Wagen und im Ohr
  Summt mir die alte Weise,
Mit freundlicher Gedanken Chor
  Begleitend meine Reise.

So nimm, was durch den Kopf mir strich,
  Du Treue, Starke, Gute:
„Aus deiner Heimath grüss' ich dich"
  Und warm wird mir's zu Muthe!

Waldrand.

Schattendunkle Einsamkeit,
  Hohes Zweigdach alter Bäume,
Draussen aber weit und breit
  Sonnenfluth durch alle Räume.

In den düstern Waldesdom
  Fallen Lichter klein und blitzend,
Aus dem grossen Weltlichtstrom
  Als verstäubte Tropfen spritzend.

In mein schattiges Asyl
  Gleiten sie durch's Grün der Buchen —
Frohverstohl'nes Lichterspiel,
  Kommst du grüssend mich zu suchen?

Lebenswarme Sonnenspur,
  Grüner Dämmer, Waldesschweigen,
Grosse, stille Allnatur,
  Wie gehör' ich dir zu eigen!

Eins mit dir, wie Baum und Strauch
  In dein Weben eingeschlossen,
Und von deines Friedens Hauch
  Leib und Seele mir umflossen!

Winter.

In den tiefverschneiten Schwarzwaldbergen
  Schwebt der Weih hoch über weissen Tannen,
Und des Waldbachs murmelnde Kaskaden
  Sind zu Eis erstarrt in Todesschweigen.

In den tiefverschneiten Schwarzwaldbergen
  Schwebt mein Denken über alten Wegen,
Und die jugendfrohen Sonnentage
  Liegen unterm Schnee und — kehren nimmer

Aus den tiefverschneiten Schwarzwaldbergen.

Vorfrühling.

Über der Ebene grünendes Schimmern,
  Über dem Buchenwald röthlicher Hauch,
Sonne noch kalt, doch mit lustigem Flimmern
  Wiegt sich im Winde der knospende Strauch.

Werdende Schönheit, keimende Freude,
  Frühlingsjubel, bald brichst du aus,
Schmückest mit Farben, was grau noch heute,
  Strahlst deinen Lichtglanz in's dunkelste Haus! —

Mir auch hast du dich angekündet,
  Aber entfremdet hab' ich mich dir,
Und dein freudiges Nahen entzündet
  Kein Aufleuchten der Seele mir.

Locket nicht wieder, ihr Lenzesgewalten,
  Trüglicher Glückschein, locke mich nicht!
Lass' mich ihr folgen, der mürrischen, alten,
  Zuverlässigen Führerin Pflicht!

Lass' mich in Ruhe mit Wünschen und Wähnen,
Frühling! doch bist du auch nimmer mein:
Tausende sind es, die dich ersehnen,
Komm' und beglücke sie, holder Schein!

Im Vorüberfahren.

Der Heimath fuhr ich jüngst vorbei.
  Trüb war der Tag, es troff der Regen,
Doch aus dem grauen Einerlei
  Kam's hell und farbig mir entgegen.

Das alte Städtlein, Park und Schloss,
  Die Thürme zwischen grünen Hügeln —
Zur trauten Zeit, die längst verfloss,
  Trug's mich zurück auf Sehnsuchtsflügeln.

Und wie aus langer Haft befreit,
  So kommen die Erinnerungen
Aus halbvergessner Kinderzeit
  In froher Knabenschaar gesprungen.

Es taucht empor das Vaterhaus,
  Es winken meine jungen Freuden:
Die Schule aus! Die Wiesen drauss!
  Und fernes Feierabendläuten. —

Ihr Kindheitsplätze, still besonnt,
  Ihr grasverwachs'nen theuern Stätten,
O dass ich niemals mich gekonnt
  Zu euerm Frieden wieder retten!

Gealtert schau ich jetzt zurück,
  Ein Andrer, zu den alten Orten;
Wohl sucht' ich's oft seither, das Glück,
  Doch — 's ist darüber spät geworden!

Und wer die Jugendzeit verpasst,
  Dem sitzt zutiefst im Herzensinnern
Abseits ein stiller, scheuer Gast:
  Ein schmerzlich sehnendes Erinnern;

Der ist wie ein verwunsch'ner Geist,
  Suchend nach selbstvergrab'nem Golde,
Von dunkelm Bann ist er umkreist
  Und findet nimmer was er wollte;

Dem wird zur Pein der Traum der Nacht,
  Da sieht er, wo der Schatz verborgen,
Er gräbt und müht sich und erwacht
  Enttäuscht und müde dann am Morgen;

Den treibt es einsam durch den Wald
  Beim jungen Knospentrieb der Buchen,
Sein Lied verklingt, sein Schritt verhallt,
  Und ruhlos muss er suchen — suchen!

Lenzsturm.

Es ächzen die Föhren,
   Vom Winde gebogen,
Von heulenden Chören
   Die Wipfel umflogen,
Es braust und es knattert
   Wie Waldgeisterschlacht,
Das Winterlaub flattert,
   Der Eichenast kracht. —

Wo sturmgetroffen
   Die Seele erbebt,
In Zagen und Hoffen
   Schwanket und schwebt,
Und gejagt wie die Blätter
   Gedanken sich nah'n:
Da ist solch Wetter
   Der rechte Kumpan!

Im Brechen der Aeste,
　Im Sausen und Wanken
Zergehen die Reste
　Des Alten und Kranken,
Sie stöhnen vergebens,
　Sie werden gerafft
Von des neuen Lebens
　Befreiender Kraft. —

Herz, spürst du den rauhen
　Verjüngenden Hauch?
Mit Kraftvertrauen
　Befreie dich auch!
Wirf ab, was vergangen,
　Wie Winterlaub fällt,
Frischangefangen
　Wie draussen die Welt!

Die Wipfel erwogen
　Wie Heerbanner fliegen:
Denn Lenz kommt gezogen
　Und Sonne muss siegen!
Im Tosen des Waldes,
　Dem du gelauscht,
Hat der Hoffnung altes
　Sturmlied gerauscht!

Beim alten Freund.

In die alten Schwarzwaldwunder
  Bin ich wieder eingedrungen, —
Strassenstaub und Tagesplunder,
Von der Seele jetzt herunter!
  Und herauf, Erinnerungen!

Und herauf, verscheuchte Träume!
  Lagert euch um mich im Kreise,
Schwebe, Harzduft, durch die Räume,
Rauscht herab, ihr Tannenbäume,
  Und beginnt die alte Weise!

Lasst die lieben Stunden kehren!
  — Lauschend lieg' ich schon im Moose —
Und zu euern trauten Mären
Nicken mit den blüthenschweren
      Rothen Ähren
Fingerhut und Weidenrose.

Heimfahrt vom Bodensee.

(Schwarzwaldbahn.)

Felsenthäler von Tannen umringt,
  Schwärzlichen, frühnebelfeuchten, —
Doch ins geschlossene Auge dringt,
  Schwäbisches Meer, noch dein Leuchten!

Über die Berge komm' ich gereist,
  Quer durch die Thäler gezogen,
Doch auf den Wassern schwebt noch mein Geist,
  Auf den glasgrünen Wogen.

Über die Fläche gleitet der Kahn,
  Freudige sitzen drinnen,
Denen der See es angethan,
  Mit weitoffenen Sinnen.

Mutter und Tochter schultergeschmiegt,
  Kräftig rudernd der Bruder,
Zottiger Freund mir zu Füssen liegt,
  Fröhlich rauschen die Ruder.

Sonnige Schleier liegen gesenkt,
  Uferlos dehnt sich die Runde,
Weisslich dunstiger Lichtschein tränkt
  Himmel und Wasser im Bunde.

Ein leisstreichelnder Windhauch weht,
  Rings so still und so eigen,
Nur der Pulsschlag der Ruder geht
  Durch das leuchtende Schweigen.

Plätschernd bricht sich die Well' am Kiel,
  — 's ist ein träumerisch Klingen —
Und an den Borden treibt sich ein Spiel
  Von feinfurchigen Ringen. —

Aber der Sonnendunst über dem See
  Steigt, zu Gewölk sich gestaltend,
Rollt wie ein Vorhang von Flor in die Höh',
  Lachende Ufer entfaltend.

Und nun funkelt's, nun ist das Grün
  Feueradrig durchronnen,
Auf den Wellen blitzen und sprüh'n
  Tausende kleiner Sonnen.

Möven in sonnentrunkener Lust
  Huschen mit Fischesschnelle,
Netzen die kleine, schimmernde Brust
  In der spielenden Welle.

Fischerboote gleiten dahin,
  Dunkel mit lichten Schweifen,
Und die entferntere Fläche durchzieh'n
  Farbenwechselnde Streifen. —

Mich aber freut's, auf die Ruder zu seh'n,
  Wie von Silber sie triefen,
Und vom Bootrand hinabzuspäh'n
  In das Geheimniss der Tiefen.

Auf den Lippen ein leises Lied,
  Liebe Freunde daneben,
Abgrund zu Füssen, doch drüber zieht
  Helles, freudiges Leben.

Solche Stunden sind wie ein Schild
  Vor dem Trüben und Kranken —
— Schwindet im seligen Lichtgefild,
  Schmerzlich dunkle Gedanken!

In dem Banne der Wasserwelt,
  Der weitlockenden, klaren,
Hat die Seele die Segel geschwellt,
  Nach der Sonne zu fahren.

Auf den Wassern des grossen See's
  Ist mir also geschehen — —
Rauschende Reime, kündet es,
  Was ich Wunder gesehen!

Über die schwarzen Berge daher
  Sollt ihr wie Ruderschlag klingen,
Gruss und Dank dem schwäbischen Meer
  Und den Freunden zu bringen!

Wald-Metaphysik.

Am Feldbergabhang im Sommerregen
Bin ich unter der schirmenden Tanne gelegen.
Tief hingen die Zweige und breit und dicht,
So lag ich ganz trocken und rührte mich nicht,
Auf den Rücken gestreckt, einen Grashalm kauend,
Den Arm um den Baumstamm, — lauschend und
                      schauend.

Ein wonniges Ruhen! Ich hörte die Tropfen
Über mir, neben mir rinnen und klopfen,
Ich sah durch die Luft sie kommen und blinken
Und schwer von den Zweigen in's Waldmoos sinken,
Und als ich bergab sah, da schwamm und zerrann
Schon in fliessenden Schleiern der ganze Tann.
Nur im nächsten Umkreis die Bäume noch standen,
Doch dahinter die Kameraden verschwanden,
Nur hier und dort noch, bergaufwärts winkend,
Ein schwarzgrüner Wipfel, im Regen ertrinkend,

Ohne Stamm, ohne Fuss, freischwebend umhüllt
Vom rieselnden Grau, das den Waldgrund füllt.

Und draussen im Thal zog's strömend und rauchend,
Zuweilen ein Berg aus der Regenwand tauchend,
Wie ein Walfischrücken in dunkler Schwere
Sich hebt und wieder versinkt im Meere.
Breit wogten Streifen, dunkelgewellt,
Wie Windhauch über ein Ährenfeld.

Und wie ich so lag zwischen Zweigdach und Erde,
Verschlupft und versprengt von der Menschenherde,
Reglos und begraben, gleich einem Todten,
Auf dem abgelösten Stück Waldesboden,
Wie auf einer Insel im weiten Meer
Und die Welt versunken rings um mich her, —
Da kam mir ein seltsam grübelnder Hang,
Misstrauisch sah ich an mir entlang:

Der Kerl da unter dem Tannenbaum
Was soll er? Was ist er? Ein Bild? Ein Traum?
Ist's ein wirkliches Ding, das mit seinen zwei
                                        Beinen,
Oder will's nur aus alter Gewohnheit so scheinen?
Und das And're, was ist's, das hier lugt und denkt,
In verzwickte Grübelfragen versenkt?

Dieses Ich, das sich selber sein Inn'res beguckt,
Als sei es ein wunderlich Waldprodukt?
Dies Wesen, betrachtend zugleich und betrachtet,
Zwillinge, die e i n e Wohnung gepachtet,
Zugleich Auge und Bild, zugleich Spiegel und
Licht — —?
— Das ist ja ein Unsinn! Das giebt es ja nicht!
Das ist ja ein Spuk, ein Doppelgänger,
Und der Eine dazu noch ein Grillenfänger! —
Und Der unter'm Baum hier, als Wohnung der
Zwei?
O du heiliger Tannzapf! Da wären's gar Drei!
Zwei geistige Wesen und eines mit Beinen! —
Unheimlich will mir die Sache scheinen!
— O Selbstbewusstsein, du närrisches Ding,
In sich selbst verbissener Schlangenring!

Ich lag — und in mir dacht' es und spann,
Und geheimnissvoll summte der Regen im Tann.

Da stiess mich was ganz leis an die Hand,
Und wie ich hinsah, war mir's bekannt:
Ein goldgrün Thierlein mit klugen Blicken,
Schier spöttisch schien es mir zuzunicken,
Ohne Furcht, doch auch ohne besondere Achtung
Vor meiner Regenwetterbetrachtung,

Und streckte mir — deutlich sah ich's, o Graus! —
Sein pfeilförmig Eidechszünglein heraus.
D'rauf hat's mich auch noch mit dem Schwänzlein
gestupft,
Frech aber graziös, — — und ist fortgeschlupft.

Mein Zweigdach war auch nicht mehr wasserdicht
Und es tropfte mir sehr real auf's Gesicht.

Da sprang ich vom Boden und hab' mich geschüttelt
Und meine drei Wesen zusammengerüttelt.
Ich bin wieder E i n s und ich schau in die Welt,
Die eben da drüben sich aufgehellt.
Der Regen versiegt. Nur unten noch leise
Träufelt's und klingt's von den Bäumen im Kreise.
Licht wallt es schon über den Bergeskamm,
Ein Goldstreif trifft meinen Tannenstamm,
Blau klafft es am Himmel durch's Dunstbereich,
Auseinandergewehtem Vorhang gleich,
Und an's offene Fenster tritt sie, die Hehre,
Die Königin mit dem Strahlenspeere.
Sie wirft ihr Geschoss in den Nebellauf
Und der Spiegel des Feldsee's schimmert herauf,
Zwischen Stämmen und rothem Fingerhut
Grüsst mich die stille, waldeinsame Fluth. —

Vor dem starken Lebensempfinden verblich
Das Hirngespinnst der „verschiedenen Ich". —

Und zur Seite mir rauscht es vom Zweigebiegen,
Und da steht, wie aus dem Boden gestiegen,
Von glitzernder Zweige Goldschein umwallt,
Ein langes Wesen in Hausknechtsgestalt;
Das trägt unterm Arme, ganz klatschnass und flach,
Ein blaubaumwollenes Regendach:
Der Griff mit den mächtigen Messingbeschlägen
Gleisst mir wie der Knauf eines Schwerts entgegen.

Vom Feldbergerhof ist's der Franz-Xaver,
Durch den Regen trabte der Gute daher,
— Wir stehen schon lang auf vertrautem Fuss —
Und es tönt sein alemannischer Gruss:
„Grüess Gott! Un 's isch jetz bald Zit zum Esse,
„Un de Her het 's Paraplih vergesse,
„Un de Her Mayer*) het gmeint, i sott'm vor Tisch
„No eis bringe, wil's e so nass g'si isch,
„Un i sott gô luege, het er no g'seit,
„De Her vertlauf si als mengmol z'weit.
„I suech scho e Stund enandernô
„Un hätt' Ihne schier nit übercho!

---

*) Wirth zum Feldbergerhof.

„Jetzt wemmer do füre am Mattehang.
„Die Friburger Here warte scho lang,
„Se schöpple derwîl und schpiele Charte
„Mit'm Her Akzieser vo Hinterzarte.
„Jo! Durscht ha-n-i au jetz! — Un 's Paraplih,
„Bigott, isch nit emol nöthig g'si!"

Und so ward Einer zur rechten Zeit
Von metaphysischem Anfall befreit.

Waldspuren.

Im Tannenhochwald zog mein Weg
  Thalab die stille Steige.
Da glänzt' es weiss durch das Geheg,
  Wie Schnee lag's im Gezweige.

Doch war's kein Rest vom Winterhauch,
  Der blieb im Waldesbanne:
Eine Dolde nur vom Schneeballstrauch
  Hing an der dunkeln Tanne.

Und wie ich merksam weiter ging,
  Da sah ich bald am Aste
Dasselbe Ding, das baumelnd hing,
  Wie eine weisse Quaste.

Und noch einmal und noch einmal
  — Hat's Sträusse denn geregnet? —
Bin ich dem stummen Waldsignal
  Beim Weitergeh'n begegnet.

Und als ich kam zum Waldesrand,
　Fand ich ein heimlich Eckchen,
Von Tannenzweigen überspannt —
　— Es war ein einsam Fleckchen!

Da war zerdrückt das weiche Moos
　Und rings ein eigen Brüten,
Da lagen welk und stengellos
　Zerpflückte Schneeballblüthen.

Und als ich kam an's erste Haus:
　Ein Mädel stand im Garten,
Sah unverwandt zum Wald hinaus,
　Als gäb's was zu erwarten;

Ein hoher Strauch am Gartenzaun
　Stand bei der blassen Holden,
Thät so bekannt herüberschau'n
　Mit seinen weissen Dolden;

Der war zur Hälfte kahlgepflückt
　Von seinen Blüthenballen —
— Der Waldrand droben, stillgeschmückt,
　Ist mir da eingefallen.

Mit mattem Flug im Sonnenschein
   Trieb vor mir her ein Falter,
Ich aber summt' in mich hinein
   Dein Lied, Altmeister Walther!

Wie ewig jung blieb doch dein Mund,
   Wie passen deine Worte,
Dass „Mancher lacht aus Herzensgrund,
   Kommt er vorbei dem Orte"!

Nun kling', du alte Melodei,
   Verschwieg'nem Wandersmanne:
„Tandaradei!" — 's ist einerlei
   Ob Linde oder Tanne,

Ob Rose oder Schneeoallblüth',
   Ob Nachtigall, ob Meise — —
Verstohlenliebendes Gemüth
   Find't schon die rechte Weise.

Grüssgott! Glückauf! Ich zieh' vorbei
   Und blick' hinauf zur Halde:
's ist Monat Mai — Tandaradei!
   Die Welt ist noch die alte!

Belchen.

Schwarzwaldrecke, stolzer, alter
Bergeinsiedel, Nebelspalter,
Kahlkopf harten Urgebirges,
Höhenwächter des Bezirkes!
Aufgerichtet über'm Wald
Grüsst mich deine Hochgestalt.
Kraftgedrungen, einsam ragend,
Dunkelstahlblau überhaucht,
Wölklein an der Stirne tragend,
Die in Wolkenhöhen taucht,
Steigst du, königlich vor Allen,
Aus dem Kreis der Bergvasallen.

Selbst der Tann zu deinen Seiten
Durfte nicht den Herrn begleiten,
Frei von Anhang und allein
Wolltest du da droben sein,

Wolltest, ernst und still gemuthet,
In dem Strom von Luft und Licht,
Der dort aus dem Himmel bricht
Und die Höhen überfluthet,
Barhaupt deinen Scheitel baden —
Bergfürst du von Gottes Gnaden!

Von der Nied'rung abgeschieden,
Ihrem Staub und Lärm und Streit,
Thront in ew'gem Sonntagsfrieden
Deine hohe Einsamkeit —
— Mög' ihr niemals störend nah'n
Kellnerfrack und Zahnradbahn
Und der Schwarm der Sommergäste,
Stürmend deine stille Veste!
Gott behüte sie für immer
Und erlasse dir noch lang
Schwärmerische Frauenzimmer
Bei dem Sonnenuntergang!

Kleines Blockhaus auf dem Nacken,
Sonn'ge Matten, Felsenzacken,
Weidend Vieh, zerlumpter Hirt
Auf dem Gneisblock, lustig pfeifend,
Traulich Heerdenläuten irrt,
Um die steilen Halden schweifend.

Dunkle Rücken, schatt'ge Schluchten,
Ferne Dörflein in den Buchten,
Und der Alpen Eiskrystalle
Schimmernd über blauem Walle.

Oder wann der Westwind strickt
Nebelhauben um die Kuppe,
Und daraus gespenstisch nickt
Nur die nächste Knieholzgruppe,
Und nur unsichtbares Klingen
Kunde will vom Leben bringen;
Wann's dann wogt und sich erhellt,
Und die weissen Wände weichen,
Und ein Stück der Gotteswelt
Leuchtet durch das Nebelstreichen;
Wann das Bergland Schicht um Schicht
Seine waldbedeckten Dämme,
Seine grünen Wellenkämme
Dampfend streckt in's neue Licht,
Und versprengt und windgetragen
Nebelrosse thalwärts jagen — —:

Dann, du Alter, glanzumwoben,
Dulde gern das Menschlein droben,
Das an deine Brust geschmiegt
Weltentrückt im Berggras liegt!

Was du heimlich denkst, wer weiss es,
Tief im Innern deines Gneises!
Doch dein Steinherz denkt gediegen
Und du lohnst mit Fürstensinn
Dem, der treu zu dir gestiegen:
Freudigkeit ist sein Gewinn.
Und du zeigst ihm deine Wunder,
Dass er bleibe fest und frei,
Wann er wieder muss hinunter
In die dumpfe Schererei,
In des Tagwerks enge Schranken — —
— Hoher Belchen! Lass dir danken!

„Kehraus.“

Bergsonne, Waldesschatten, Quellmurmeln, Harz-
      geruch —:
Die mich durchdrungen hatten, sie dringen durch
      dies Buch.
Doch ist’s von ihnen allen nur ein gespiegelt
      Sein,
Nur mattes Wiederhallen, nur blasser Wieder-
      schein.
Von weissen glatten Blättern schau’n sie mich
      seltsam an
Die schwarzen platten Lettern, lateinisch an-
      gethan,
Und fremd will mich gemuthen, was mir so heim-
      lich war,
Als noch im Pult sie ruhten, die Lieder, manches
      Jahr.

———

Nun frag' ich mich beklommen, ob noch die Farbe
hält
Und ob mein Sang willkommen da draussen in
der Welt?
Da jagt's und treibt und hastet und will nur
Sensation,
Wo man beschaulich rastet, da rennen sie
davon! —
Es waren stille Stunden. Ich weiss es selber
nicht,
Ob ich den Ton gefunden, der zu den Herzen
spricht.
Die Quellen hört' ich rauschen und weiss das
Eine nur:
Dich sucht' ich zu belauschen, jungewige Natur!

***

Im Wald bist du geboren, mein kleiner
grüner Band,
Literarischen Revisoren bist du zweckloser
Tand,
Bist kein pikanter Bissen, dir fehlt historischer
Geist,
Auch wird man sehr vermissen, dass du nicht
„stylvoll", sei'st.

Ihr waldentlauf'nen Lieder, ob man euch wohl
versteht?
Schon sinkt die Sonne nieder! Was wollt ihr noch
so spät?
Der Specht im Waldgrund zimmert, die alten
Stämme glüh'n:
So pocht in euch und schimmert das Herzblut durch
das Grün.

Und hab' ich fehlgesungen, unwahr und falsch
und schlecht,
Dann pfeift, ihr Vogelzungen, dann schelte,
Meister Specht!
— Euch andre Federwesen jedoch entbehr' ich
gern
Mit kritischem Federlesen, ihr hochgestrengen
Herrn;
Es braucht kein Zwischentragen zwischen mir und
meinem Wald,
Der soll es selber sagen, „wie es hineinge-
schallt," —
Dann klopf' nur immer stärker, mein alter Wald-
kumpan,
Und richte du als Merker: „Versungen und
verthan!"